*L'assyriologie*

QUE SAIS-JE ?

# *L'assyriologie*

PAUL GARELLI
Professeur à l'Université de Paris I
(Panthéon-Sorbonne)

*Troisième édition*

*20e mille*

## DU MÊME AUTEUR

*Les Assyriens en Cappadoce*, A. Maisonneuve, 1963.

Collaboration à l'*Histoire générale du Travail*, t. I, Antiquité, Nouvelle Librairie de France, 1959.

*Le Proche-Orient asiatique, des origines aux invasions des peuples de la mer*, coll. « Nouvelle Clio », Presses Universitaires de France, 1969.

*Le Proche-Orient asiatique - Les empires mésopotamiens - Israël*, en collaboration avec V. NIKIPROWETZKY, coll. « Nouvelle Clio », Presses Universitaires de France, 1974.

ISBN 2 13 042732 4

Dépôt légal — 1re édition : 1964
3e édition : 1990, août


108, boulevard Saint-Germain, 75006 Paris

## Chapitre Premier

# LES DÉCOUVERTES

En 1857, la *Royal Asiatic Society* voulut soumettre quelques personnalités, qui avaient attiré l'attention du monde scientifique par leurs essais de déchiffrement des inscriptions assyriennes, à une épreuve permettant de vérifier la validité de leurs efforts. La Société britannique avait reçu de H. Fox Talbot la traduction d'un texte récemment découvert à Qalaat Shergat, sur les bords du Tigre. Elle décida, sur sa proposition, de communiquer le même texte à Henry Rawlinson, Edward Hincks et Jules Oppert en leur demandant de lui faire parvenir leurs traductions sous pli cacheté. Ainsi fut fait, et une commission spéciale examina le même jour les quatre lettres. Elles concordaient suffisamment pour qu'un doute ne fût plus possible : les bases du déchiffrement étaient assurées. Une discipline nouvelle, l'Assyriologie, était officiellement reconnue.

Cette démonstration couronnait un travail de plus de cinquante ans auquel Rawlinson, Hinks et Oppert avaient pris une part prépondérante. Mais ils n'avaient pas été les seuls à tenter de ravir le secret de ces écritures, qu'on appelait, en raison de leur apparence en forme de clous ou de coins, « cunéiformes ». D'autres s'y étaient employés à leurs côtés ou avant eux, dans les pays les plus divers. Et si leur apport fut dans l'ensemble plus modeste, leurs tentatives, voire leurs échecs, ne furent jamais inutiles. Il est nécessaire de connaître les difficultés de l'entreprise, pour en juger.

## I. — Le déchiffrement des écritures cunéiformes

On ne peut entreprendre le déchiffrement d'une écriture inconnue sans posséder un terme de référence comme, par exemple, la connaissance de la langue sous-jacente qui peut fournir des indices livrant la clef de quelques signes, ou la découverte d'une inscription bilingue. Tel avait été le cas pour les hiéroglyphes égyptiens. Ce n'est pas diminuer le mérite de Champollion que de reconnaître qu'il avait été admirablement servi par la version grecque de la pierre de Rosette et la coutume égyptienne d'insérer les noms royaux dans un cartouche. En 1930, P. Dhorme, étudiant les tablettes alphabétiques de Ras Shamra, fit la supposition que le lieu de provenance autorisait une interprétation par le phénicien. Il accorda alors à un signe fréquemment répété et qui semblait correspondre à la préposition « à », la valeur *l* qui a cette signification en phénicien. l'hypothèse lui permit de deviner les mots *b'l* « Baal » et *mlk* « roi » dans d'autres textes. H. Bauer, de son côté, proposait de lire sur une herminette le mot *grzn* « hache, pic ». Utilisant toutes ces données, P. Dhorme lut sur une inscription *l rb khnm* « au chef des prêtres », et ainsi, de proche en proche, fut reconstituée la totalité de l'alphabet. Le piquant de l'histoire est que la lecture *grzn* était erronée. Seules, les deux lettres *r* et *n*, utilisées dans ce mot par P. Dhorme, avaient effectivement ces valeurs.

**1. Le déchiffrement du perse achéménide.** — Le cas des inscriptions cunéiformes se présentait différemment. On ne pouvait faire aucune supposition sur la nature de la langue et, quand apparaissait quelque bilingue, les versions étaient rédigées dans des systèmes cunéiformes, différents certes, mais tout aussi impénétrables les uns que les autres. C'est G. Grotefend qui parvint le premier, en 1802, à soulever un pan du voile. Dans les inscriptions relevées par K. Niebuhr, à Persépolis, en 1780, et que F. Munter rattachait avec vraisemblance à l'époque achéménide, il remarqua la répétition fréquente d'un mot dont il supposa, en raison du caractère visiblement officiel des textes, qu'il désignait le titre de « roi ». Deux groupes de signes, régulièrement suivis de ce mot, pouvaient donc correspondre à des noms de souverains, probablement unis par une relation de père à fils. Les noms ne commençant pas par le même signe, il élimina Cyrus et Cambyse. Il ne pouvait retenir celui d'Artaxerxès, qui était trop long. Il avança donc, à titre d'hypothèse de travail, ceux de Darius et de Xerxès. C'était beaucoup. Encore subsistait-il la difficulté principale : comment adapter ces noms aux signes cunéiformes, alors que le vieux perse était inconnu ?

Grotefend songea alors à recourir au zend en s'appuyant sur les travaux d'Anquetil-Duperron, qui avait publié l'édition du Zend-Avesta, de 1768 à 1771. Il attribua donc des valeurs tirées du zend aux signes correspondant aux noms qu'il avait isolés. Il put lire les noms de Darius, de Xerxès, d'Hystaspe et, à l'aide des signes ainsi déchiffrés, il s'efforça de découvrir d'autres mots susceptibles de lui révéler des valeurs nouvelles. Le principe était juste, mais il était subordonné à une condition : l'identité du zend et du vieux perse. Or, ce n'était pas le cas ; si le zend était proche du perse, il ne lui était pas identique. Et Grotefend commit, de ce fait, une série d'erreurs qui l'empêchèrent d'aboutir à des résultats satisfaisants. Son obstination, son refus d'admettre certaines critiques n'y changèrent rien. Le seul résultat valable de ses travaux est d'avoir pu assurer la lecture d'une dizaine de signes. Soyons justes ! Ce n'était pas un mérite si mince : il avait ouvert la brèche.

D'autres savants possédant une meilleure connaissance du zend et du sanscrit, en particulier Rasmus Christian Rask, Eugène Burnouf et Christian Lassen reprirent l'examen de l'alphabet perse, corrigèrent un certain nombre de fausses lectures adoptées par Grotefend et en découvrirent de nouvelles. Lassen, notamment, utilisant les inscriptions de Persépolis qui servaient de légendes à des bas-reliefs représentant visiblement des peuples tributaires, parvint à identifier dix-neuf noms géographiques. Plus de la moitié de l'alphabet était alors déchiffrée. Les travaux de E. Beer, E. Hincks, E. Jacquet, J. Oppert et surtout H. Rawlinson firent le reste. En 1847 la totalité de l'alphabet persépolitain était connue.

2. **Rawlinson.** — Henry Creswicke Rawlinson est une figure attachante, qui présente un ensemble de qualités rarement réunies chez un même homme. Audacieux, habile, généreux, il joignait à une excellente culture classique les ressources d'une constitution athlétique. Ses expéditions furent souvent de véritables aventures, nécessitant autant de force physique que de connaissances linguistiques. Dans sa passion de la découverte, il n'hésitait pas à se hisser sur les parois abruptes des rochers de Behistun, et là, suspendu au-dessus du vide, il copiait des cunéiformes. Dès 1835, son attention avait été attirée par la fameuse inscription trilingue que Darius fit graver en cet endroit pour commémorer sa victoire

sur le pseudo-Smerdis. Rawlinson était avant tout un déchiffreur ; il ne possédait pas les dons de minutie qu'exigent les travaux de philologie. Mais il avait, ce qui manque à beaucoup de philologues, une intuition remarquable, un sens du texte ancien qui lui permettait de flairer la valeur exacte des signes avec une incroyable sûreté. Wallis Budge affirme même qu'au moment où il publiait ses premiers travaux, en 1838, il ignorait les résultats auxquels étaient parvenus ses prédécesseurs en la matière. Nous n'avons aucune raison de récuser ce témoignage. Pourquoi Rawlinson n'aurait-il pas suivi en solitaire le chemin tracé par Grotefend ? Si, de ce fait, nous ne pouvons lui accorder la priorité dans le déchiffrement des écritures cunéiformes, il est certain que sa contribution fut une des plus importantes, puisqu'on lui doit la compréhension de la quasi-totalité des signes qui résistaient encore à Lassen en 1838. C'est à ce titre qu'on peut l'appeler le « père de l'assyriologie ».

3. **Le déchiffrement de l'assyro-babylonien.** — Du moment qu'une des écritures cunéiformes avait livré ses secrets, le déchiffrement des autres ne présentait plus les mêmes difficultés qu'autrefois. On était enfin en possession de bilingues véritables, dont une des versions pouvait être lue et comprise. Que savait-on alors de ces inscriptions apparentées à celles qu'on découvrait en nombre croissant sur les tells de Mésopotamie ? Elles avaient aussi suscité des recherches, mais la complexité de leur système graphique en rendait l'interprétation beaucoup plus malaisée. Grotefend, en 1814, avait pu isoler un certain nombre de mots, grâce aux dispositions différentes de textes identiques ; il avait pu constater qu'un mot n'était jamais coupé à la fin d'une ligne ;

et le nombre de signes différents — il en compta 287 — lui montrait à l'évidence qu'il avait affaire non pas à un alphabet, mais à un autre système, qu'il appela syllabique. Il ne put aller plus loin, et il se refusa toujours à admettre que les textes pussent être rédigés dans une langue sémitique, même lorsque les présomptions se multiplièrent en faveur de cette hypothèse.

C'est Hincks qui fit les découvertes fondamentales en 1846. En comparant les versions perses et babyloniennes de Persépolis, il parvint à identifier 18 signes babyloniens et à monter qu'il y avait plusieurs manières différentes de transcrire un même son : *par* pouvait s'écrire *pa-ar* ; *kib*, *ki-ib*, etc. Le syllabisme était établi. Quatre ans plus tard, il découvrait que certains signes étaient écrits tantôt phonétiquement, tantôt idéographiquement, c'est-à-dire qu'un même signe pouvait représenter aussi bien un son correspondant à une syllabe, qu'une idée exprimée dans un mot. Il découvrit que devant certains noms on employait des déterminatifs indiquant à quelle catégorie d'êtres appartenaient ces noms : dieux, hommes, villes, etc. Il parvint, enfin, à isoler l'idéogramme de l'argent et sa valeur phonétique *ka-as-pa* qu'il rapprocha de l'hébreu *kasp-*. Les recherches se précisaient considérablement ; mais une fois de plus, c'est Rawlinson qui franchit le pas décisif.

Rawlinson disposait, non seulement des inscriptions de Persépolis et de Naqsh-i-Rustam, mais aussi de celle de Behistun, dont il avait copié, en 1847, la troisième version rédigée en babylonien. Par comparaison avec le texte perse, il put lire 80 noms babyloniens qui lui fournirent la valeur d'une centaine de signes ; et surtout, il réussit à établir la valeur polyphonique des signes, ainsi que les homophones de chaque valeur syllabique connue. Dans le système babylonien, en effet, chaque signe peut avoir plusieurs valeurs syllabiques. Le signe *kal*, par exemple, peut aussi se lire *dan*, *rib*, *lab* et *lib*. De plus chacun de ces sons peut être exprimé à l'aide d'autres signes que l'on distingue, dans les transcriptions modernes par des accents et des chiffres : *dan*, *dán*, *dàn*, $dan_4$ ; *kal*, *kál*, *kàl*, $kal_4$. Certains signes sont particulièrement riches en valeurs polyphoniques : le signe *be* a couramment aussi les valeurs *bad*, *bît*, *mid*, *til*, *ziz*, et *sun*, chacune d'elles pouvant, en outre, exprimer des tonalités sourdes ou sonores. Inversement, un même son peut correspondre à de nombreux signes homophones ; c'est ainsi que vingt-trois signes différents peuvent en principe transcrire la syllabe *du*.

4. **Les principes de l'écriture cunéiforme.** — Il est temps d'expliquer le mécanisme du système. L'écriture cunéiforme, inventée par les Sumériens vers 3500 avant J.-C., était primitivement composée de véritables dessins qui représentaient, soit des objets, soit un de leurs éléments caractéristiques, soit, pour certaines notions plus abstraites, des compositions symboliques. Mais il s'est produit une double évolution, dans le graphisme et dans l'utilisation que l'on fit de ces sigues.

Etant donné que les pierres sont rares en Mésopotamie et que le climat ne favorise guère la conservation du parchemin, les Sumériens préférèrent utiliser une matière première abondante et pratiquement indestructible, une fois cuite au four : l'argile. Or l'argile ne se prête pas à la reproduction rapide de dessins sinueux. Les scribes furent donc amenés à en briser les contours par de courtes incisions de calame en forme de coins et, d'autre part, à incliner les signes dans le sens des lignes. Ils prirent ainsi un caractère abstrait, sans rapport avec le prototype dont ils étaient dérivés.

Le système était à l'origine purement idéographique. Chaque signe avait un sens fondamental auquel venaient s'ajouter des significations dérivées ou apparentées. C'est ainsi que le signe représentant la bouche (en sumérien KA), servait aussi à désigner la parole (INIM), la dent (ZU), et des notions comme « parler » (DUG) et « crier » (GU). Mais la langue sumérienne, de tendance monosyllabique, comportait de nombreux homophones que l'on distinguait peut-être dans la prononciation par des différences de ton musical, comme c'est le cas en chinois ou dans certaines langues africaines. Nous sommes obligés, aujourd'hui, de les différencier par des signes diacritiques, chiffres en exposant ou accents. Dans l'exemple précédent il faudrait transcrire : ZÚ, $DUG_4$, et GÙ.

Cependant, le système idéographique pur présentait un gros inconvénient : il ne permettait pas de reproduire l'appareil grammatical de la phrase, notamment les préfixes et les suffixes, que ne pouvait traduire aucun signe concret. Pour les transcrire, on utilisa les signes qui se prononçaient de la même manière, sans tenir compte de leurs sens. Autrement dit, on fit abstraction des valeurs idéographiques de certains signes, pour ne retenir que leurs valeurs phonétiques. C'est ainsi que pour transcrire le préfixe verbal *e-*, on utilisa le signe E, qui désignait le canal d'irrigation, mais en le dépouillant de cette signification. Il ne représentait alors plus que le son « e ».

Quand les Assyro-Babyloniens adoptèrent le système graphique sumérien, celui-ci était donc très élaboré. Les signes n'étaient plus purement idéographiques ; ils étaient pourvus de valeurs syllabiques. Les Assyriens et les Babyloniens purent développer encore cette tendance, parce que le polysyllabisme de leur langue leur permettait d'écarter tout danger de confusion par homonymie. Mais ils ne renoncèrent pas pour autant à l'emploi d'idéogrammes, qu'ils lurent naturellement dans leur propre langue. Le signe représentant un vase, par exemple, se lisait en sumérien DUG. En babylonien, ce même signe pouvait être utilisé, mais on le lut *karpatu*, mot qui a la même signification de « vase » dans cette langue. Cependant, le son DUG pouvait avoir son utilité en babylonien comme syllabe constitutive d'un mot : pour transcrire le verbe *idûk*, « il a tué », on peut le décomposer en deux syllabes, *i-duk*, et utiliser, pour la seconde, en jouant sur les valeurs sourdes et sonores, le signe du vase qui n'aura plus alors qu'une valeur syllabique. Le même procédé a été étendu systématiquement à tous les signes et, bien que les Babyloniens n'aient pas adopté toutes les valeurs sumériennes, chaque signe n'en reçut pas moins un nombre considérable de valeurs syllabiques. On voit la complexité du système. Un signe babylonien peut avoir plusieurs valeurs idéographiques, plusieurs valeurs syllabiques, et rien ne permet de prévoir, dans un texte, celle qu'a utilisée le scribe.

En pratique, toutefois, des usages prévalurent. Les lettres d'affaires et les rapports administratifs devaient être clairs. Aussi n'y trouve-t-on que de rares idéogrammes, généralement des substantifs : roi, argent, âne, etc. ; et les signes sont spécialisés dans une ou deux valeurs syllabiques. Les textes scientifiques, médicaux ou divinatoires, renferment un nombre plus considérable d'idéogrammes, mais ils sont spécialisés dans quelques significations constantes. Il n'y a guère que certains textes magiques, de contenu plus ou moins ésotérique, où les scribes se sont ingéniés à dissimuler leur texte dans une véritable forêt vierge d'idéogrammes. Etant données ces habitudes graphiques et ces spécialisations, le principe essentiel est de déterminer le genre littéraire en présence duquel on se trouve. C'est des différentes catégories de textes que dépend l'emploi plus ou moins capricieux des idéogrammes.

Il était inévitable qu'en présence d'un tel système, les premiers chercheurs fussent déroutés. Lorsqu'ils parvenaient à établir la valeur d'un signe dans un nom propre, ils constataient soudain qu'il ne pouvait plus se lire de la même manière dans un autre nom, ce qui jetait fatalement la suspicion sur la première découverte. C'est un des mérites de Rawlinson que d'avoir perçu la complexité du mécanisme et d'en avoir exposé clairement le principe. Mais, en outre, lorsqu'il put lire l'inscription babylonienne de Behistun, dont le sens lui était fourni par la version perse, il reconnut, tant à la structure grammaticale qu'à l'étymologie apparente de certains mots, le caractère sémitique de la langue. Ses conclusions, déjà convaincantes lors de ses premières communications à Londres en 1850, parurent plus solidement assises encore, quand il publia le texte de Behistun, l'année suivante.

Jules Oppert devait en confirmer le bien-fondé dans une mise au point parue en 1855. Mais ce n'était pas un simple résumé des résultats acquis. Il avait découvert, parmi les tablettes du British Museum, des syllabaires fournissant la liste des valeurs phonétiques et idéographiques des signes cunéiformes. Il put ainsi compléter le tableau des signes connus et lire un certain nombre de noms propres qui restaient indéchiffrables, parce qu'ils étaient écrits idéographiquement. Deux ans plus tard, la *Royal Asiatic Society* proposait l'expérience qui devait ébranler la résistance des sceptiques. Oppert reprit alors, en 1859, l'ensemble du problème en insistant sur la nécessité d'asseoir le déchiffrement sur des bases philologiques : du moment que le caractère sémitique de la langue était établi, les exigences de la grammaire comparée permettaient d'éliminer certaines lectures et d'en imposer d'autres. Sa démonstration vigoureuse établissait une véritable doctrine assyriologique.

Ainsi, moins de dix ans après les premières communications de Rawlinson, les chercheurs étaient en mesure de produire, sans s'être concertés, des traductions concordantes de textes nouvellement découverts. Résultat remarquable dû, sans aucun doute, à la sagacité et au labeur de quelques hommes passionnés, mais aussi à des circonstances particulières qui conditionnaient leur entreprise. Le vieux perse était apparenté à d'autres langues indo-européennes dont la structure et le vocabulaire étaient connus. L'assyrien et le babylonien, en dépit de leur revêtement singulier, s'avéraient assez proches de l'arabe et de l'hébreu. Et, de plus, la découverte en nombre croissant de documents similaires, facilitait le travail comparatif. Les résultats n'auraient pas été aussi rapides si l'on n'avait disposé que d'un nombre limité de documents rédigés dans une langue ne s'apparentant à aucun idiome connu. On le vit bien lorsque les déchiffreurs abordèrent la deuxième version de l'inscription de Behistun, rédigée en élamite anzanite.

5. **Le déchiffrement de l'élamite.** — La version élamite paraissait à première vue plus simple que la version babylonienne, puisqu'elle ne comportait

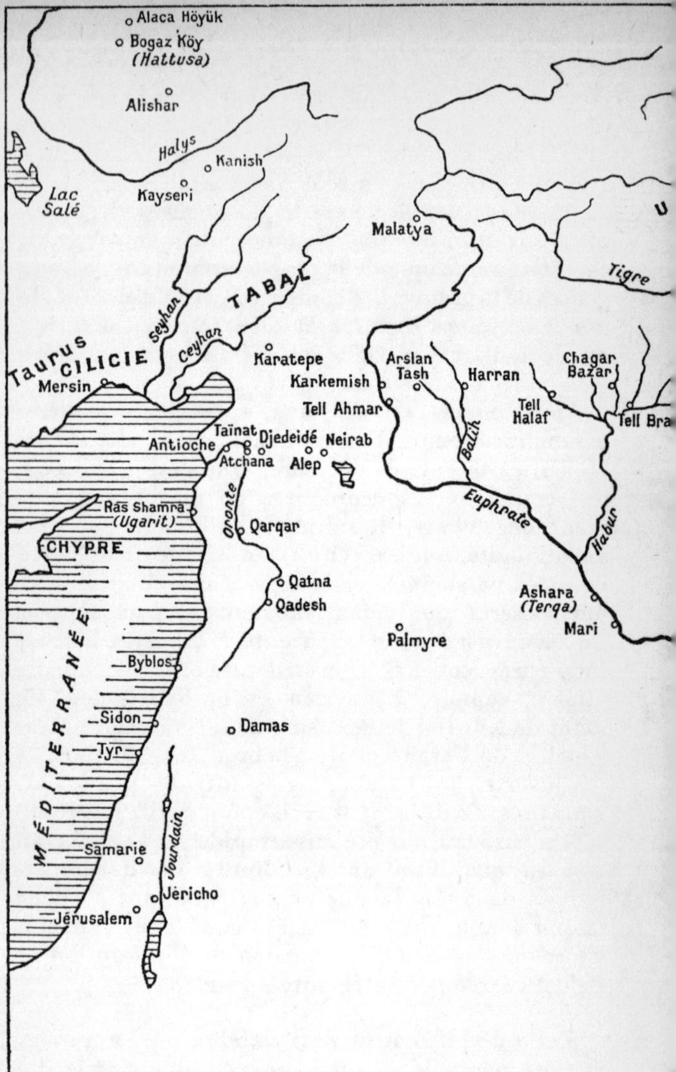
Alaca Höyük
Bogaz Köy
(Hattusa)
Alishar
Halys
Kanish
Kayseri
Lac
Salé
Malatya
Tigre
TABAL
Seyhan
Ceyhan
Taurus
CILICIE
Mersin
Karatepe
Karkemish
Arslan
Tash
Harran
Chagar
Bazar
Tell
Halaf
Tell Bra
Tell Ahmar
Taïnat
Djedeidé
Neirab
Antioche
Atchana
Alep
Balih
Euphrate
Habur
Ras Shamra
(Ugarit)
Oronte
Qarqar
CHYPRE
Qatna
Qadesh
Ashara
(Terqa)
Mari
Palmyre
Byblos
MÉDITERRANÉE
Sidon
Damas
Tyr
Jourdain
Samarie
Jéricho
Jérusalem

Le Procl

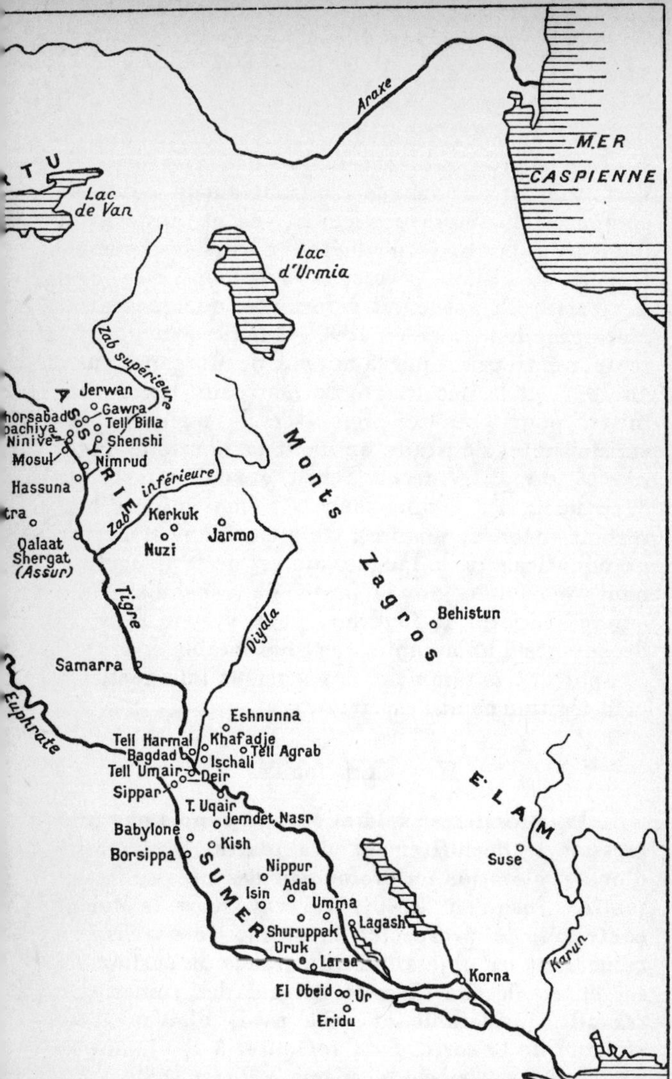

MER
CASPIENNE
Araxe
RTU
Lac
de Van
Lac
d'Urmia
Zab supérieure
Jerwan
Gawra
Tell Billa
horsabad
bachiya
Ninive
Shenshi
Mosul
Nimrud
ASSYRIE
Hassuna
Zab inférieure
tra
Kerkuk
Jarmo
Nuzi
Qalaat
Shergat
(Assur)
Monts Zagros
Tigre
Behistun
Diyala
Samarra
Euphrate
Eshnunna
Tell Harmal
Khafadje
Tell Agrab
Bagdad
Ischali
Tell Umair
Deir
Sippar
T. Uqair
Jemdet Nasr
ELAM
Babylone
Kish
Suse
Borsippa
SUMER
Nippur
Adab
Isin
Umma
Lagash
Shuruppak
Uruk
Larsa
Karun
Korna
El Obeid
Ur
Eridu


t ancien

que 111 signes différents. Mais au fur et à mesure que N. L. Westergaard, Hincks, Rawlinson et E. Norris progressaient dans le déchiffrement, ils découvraient une langue n'offrant aucun terme de comparaison. Malheureusement, ils ne disposaient d'aucun autre texte pour étoffer leurs hypothèses. Oppert modifiait encore le syllabaire en 1879. F. Weissbach parvenait à formuler quelques principes grammaticaux en 1890. Il fallut attendre les fouilles entreprises par la mission de Morgan à Suse, en 1897, et la découverte de nouveaux textes élamites, pour pouvoir progresser de manière plus satisfaisante. Pourtant, en dépit de l'extrême ingéniosité du P. Vincent Scheil et des efforts de Weissbach, les connaissances, même aujourd'hui, restent encore sommaires. On a élucidé la structure grammaticale de la langue, qui est de type agglutinant, mais une grande partie du vocabulaire demeure obscure. Il faudrait, pour y voir clair, la découverte d'un nombre plus considérable de textes, comportant notamment des versions bilingues. On peut légitimement l'espérer.

## II. — Les fouilles

**1. Les premières explorations.** — Tandis que progressait le déchiffrement des textes, la nécessité d'une exploration en profondeur des sites se faisait sentir. Jusqu'en 1840, les voyageurs s'étaient contentés de prospecter la surface des tells, en recueillant les objets qui affleuraient la surface du sol et de décrire l'aspect général des ruines. Un travail considérable et utile avait d'ailleurs été effectué de la sorte. Sans remonter à Benjamin de Tudèle au XII^e^ siècle, ni même à Pietro della Valle ou à Texier au XVII^e^ siècle, pour ne citer que les noms les plus connus, on ne saurait omettre ceux de quelques voyageurs dont les relations ont eu une influence directe sur le développement de l'Assyriologie : K. Niebuhr, à qui l'on doit une copie des inscriptions de Persépolis et la première description détaillée du site de Ninive, à la suite du voyage qu'il effectua de 1761 à 1767 ; le botaniste A. Michaux, qui rapporta en 1786 le premier grand monument épigraphique babylonien, le fameux « caillou Michaux », dont les savants cherchèrent immédiatement à donner une traduction, avec le succès qu'on imagine ; l'abbé J. de Beauchamp qui visita la même année le site de Babylone.

Au début du XIX^e^ siècle, les explorations prirent un caractère plus systématique. Par leurs relations détaillées et les illustrations qu'ils rapportent, les Anglais C. J. Rich, J. S. Buckingham et R. Ker Porter suscitent en Europe un grand mouvement d'intérêt pour les Antiquités du Proche-Orient. A partir de 1820, une douzaine de voyageurs, en majorité britanniques, sillonnent les pistes de Mésopotamie en s'écartant de plus en plus des tracés habituels. C'est le cas, notamment, de l'expédition de F.-R. Chesney, qui suivit en bateau le cours de l'Euphrate en 1836, rapportant une abondante documentation topographique, et celle de Coste et Flandin, qui procédèrent, en 1840 et 1841, au relevé des principaux monuments de Perse et de Mésopotamie.

**2. Les fouilles de Botta.** — A cette date, Rawlinson avait déjà déchiffré la plus grande partie de l'alphabet perse et chacun sentait que l'ère des prospections en surface était révolue. Si on voulait progresser dans la connaissance des anciennes civilisations orientales, il fallait dégager les ruines ensevelies. En 1842, Paul-Emile Botta ouvrait le premier chantier à Quyundjik, l'antique Ninive. Les recherches s'avérèrent infructueuses, mais un habitant de la région lui apprit qu'à Khorsabad, à 16 km au nord-est de Mossul, il pourrait satisfaire aisément sa curiosité. Botta, d'abord sceptique, finit par se laisser convaincre et, dès les premiers coups de pioche, il mettait au jour des murs décorés de bas-reliefs. La découverte fit sensation et le gouvernement français vota les crédits nécessaires à la poursuite des travaux. Le succès de l'entreprise fut si considérable qu'il abusa Botta. Persuadé d'avoir dégagé entièrement le « palais » qu'il avait découvert, il ferma le chantier en 1844, après avoir expédié au Louvre les sculptures exhumées. En fait, il n'avait fouillé que l'angle Nord-Ouest d'un ensemble architectural beaucoup plus vaste, mais un résultat considérable n'en était pas moins atteint : la révélation de la civilisation assyrienne. Aussitôt, d'autres équipes de fouilleurs prirent le chemin de Mossul.

3. **Les méthodes de fouilles.** — L'arrivée de Austen Henry Layard à Nimrud, en 1845, ouvre une période d'activité archéologique d'autant plus intense qu'elle était doublée de revendications nationalistes. C'était le début des grandes expansions coloniales où Français et Anglais devaient se heurter en d'âpres compétitions. L'archéologie fut aussi l'occasion de rivalités dont on ne peut lire aujourd'hui le récit sans agacement. On vit même, en 1853, le Français Victor Place et Hormuzd Rassam, un Chaldéen travaillant pour le compte des Anglais, fouiller en même temps le site de Quyundjik. Ce fut l'occasion d'un petit Fachoda assyriologique, Place devant finalement évacuer les lieux. Ces tracasseries souvent mesquines n'auraient pas eu

grande importance si elles n'avaient aggravé la dévastation des tells. Mais il ne faut pas s'abuser : ils auraient été malmenés de toutes manières. Personne à l'époque ne pouvait se targuer d'une méthode de fouille scientifique. Si Rassam a passé la mesure, les autres fouilleurs ne se souciaient guère de stratigraphie. Ils cherchaient des objets et se contentaient, à cet effet, de creuser des tunnels au pied des murs sans décaper systématiquement les strates supérieures. On ne saurait d'ailleurs leur en faire grief. Seule l'expérience pouvait leur apprendre à distinguer les niveaux correspondant aux phases successives d'occupation des sites, distinction qui a une importance capitale du point de vue historique, même si certaines couches se révèlent stériles. Une telle stérilité n'est jamais négligeable ; elle peut être un élément de datation précieux. On a appris également à prêter attention aux fragments de poteries dont les styles apparaissent souvent sur des aires géographiques étendues et permettent d'établir une stratigraphie comparée de ces régions. C'est par de tels relevés qu'on peut écrire aujourd'hui l'histoire des époques archaïques. Mais, en ce milieu du XIX^e^ siècle, on n'en était pas là. Les fouilleurs n'avaient cure de pots cassés. Ils voulaient enrichir les musées de leurs pays respectifs par des monuments d'une certaine ampleur et ils prenaient souvent les moyens les plus expéditifs pour parvenir à leurs fins. Le malheur voulut qu'ils aient été attirés par les sites les plus importants, dont des secteurs parfois étendus sont ainsi perdus pour nous. Il faut tenir compte enfin des dangers courus par les expéditions dans ces régions isolées de l'Empire ottoman, où l'anarchie régnait à l'état endémique. A plusieurs reprises, les indigènes s'en prirent aux convois transportant des antiquités. En 1855, à

Korna, ce fut un désastre : les radeaux transportant les monuments exhumés par la mission Place furent attaqués et coulèrent. Sur 235 caisses, 26 seulement arrivèrent à destination ; le reste s'abîma dans le Tigre.

4. **Premiers résultats.** — Malgré ces déboires et en dépit de méthodes de fouille déficientes, des résultats considérables avaient été atteints : V. Place avait dégagé le palais de Sargon à Dûr-Sharrukîn (Khorsabad) ; A. H. Layard, H. Rassam, puis W. K. Loftus, celui d'Assurbanipal à Ninive (Quyundjik) ; en cet endroit, les Anglais avaient eu la bonne fortune de découvrir la bibliothèque du célèbre roi assyrien, riche de plusieurs milliers de tablettes ; avant de prendre la direction des travaux à Quyundjik, Loftus avait exploré Warka, l'ancienne Uruk, dans le Sud mésopotamien, puis le site voisin de Senkeré qu'il put identifier à Larsa ; J. E. Taylor avait retrouvé à Muqqayar l'emplacement de l'antique ville d'Ur, et à Abu-Sharein, celui d'Eridu. Dans l'ensemble, exception faite du désastre subi par les Français à Korna, le rendement des fouilles dépassait toute espérance, à tel point que les chercheurs éprouvaient le besoin de marquer le pas pour assimiler leurs découvertes. A partir de 1855, l'activité se ralentit donc en Orient, cependant que les assyriologues se penchaient sur les textes, en Europe. C'est pendant ces années d'études et de réflexion que George Smith découvrit un fragment du récit ninivite du Déluge qui présentait des analogies considérables avec la version biblique de la Genèse. L'émotion soulevée par la communication qu'il fit à ce sujet en 1872 fut telle qu'il put obtenir les crédits nécessaires à de nouvelles expéditions. Smith s'en acquitta avec succès, mais il mourut prématurément en 1876. Rassam voulut

alors prendre sa succession et malheureusement l'obtint. Pendant deux ans, il promena sa hâte désordonnée sur une quinzaine de sites.

5. **Découverte des Sumériens.** — Cependant, en 1877, le vice-consul de France à Bassora, Etienne de Sarzec faisait à Tello, près du Shatt el-Haï, une découverte considérable. Il avait exhumé un certain nombre de statues dont le style différait notablement de celui des monuments assyriens, et des tablettes dont la graphie et la langue n'étaient visiblement pas assyriennes. Or, précisément, l'art et les documents assyriens posaient des problèmes de filiation qui suscitaient alors des polémiques passionnées. Ils représentaient selon toute vraisemblance le terme d'une évolution dont on ignorait les antécédents ; l'écriture assyrienne, en particulier, avec son système complexe d'idéogrammes, semblait répondre aux exigences d'une langue non sémitique. C'était les populations parlant cet idiome inconnu, affirmait Jules Oppert en 1873, qui avaient dû inventer l'écriture cunéiforme, les Sémites ayant simplement adopté leur procédé graphique en l'adaptant à leurs besoins propres. Comme les anciens souverains de Babylonie s'intitulaient « rois de Sumer et d'Akkad », il proposait de voir dans les Sumériens les inventeurs de l'écriture, et dans les Akkadiens, leurs héritiers sémitiques. J. Halévy s'était aussitôt opposé à ces vues. Pour lui, les Sémites étaient les inventeurs de l'écriture. Le prétendu langage sumérien n'était qu'un système idéographique d'écriture inventé par les Assyriens parallèlement à leur système phonétique. La controverse battait son plein, lorsque E. de Sarzec découvrit les textes de Tello.

On conçoit aisément l'intérêt que Jules Oppert

pouvait témoigner à cette mission. Pour la première fois, les fouilles livraient des témoignages directs de ces Sumériens dont il avait pressenti le rôle. Du coup les positions d'Halévy devenaient intenables. Celui-ci avait beau nuancer sa pensée, substituer une théorie de l'allographie, à celle de l'idéophonie, rien ne pouvait prévaloir contre les évidences de Tello. Les statues de Gudea et les monuments des premiers souverains, Ur-Nanshe, Eannatum, Entemena, Urukagina, la stèle des vautours attestaient l'existence d'une langue non sémitique et d'une écriture quasi pictographique, dont les cunéiformes assyriens étaient manifestement dérivés. A la mort de Sarzec, en 1901, après onze campagnes de fouilles, les perspectives historiques étaient singulièrement modifiées.

6. **Résultats acquis à la fin du XIXe siècle.** — Les ombres de la préhistoire reculaient au-delà du IIIe millénaire. La résurrection du passé gagnait des régions de plus en plus vastes. Et le champ d'investigation se dilatait au moment précis où les assyriologues entraient en possession de leurs instruments de travail. La lecture des textes ne posait plus de problèmes majeurs. Carl Bezold avait achevé le catalogue des tablettes de Quyundjik conservées au British Museum, et la direction du Musée en poursuivait la publication, inaugurée par les cinq volumes monumentaux de Rawlinson, G. Smith, Th. G. Pinches et E. Norris. Le dictionnaire de Fr. Delitzsch avait paru en 1896. Les études historiques, philologiques, religieuses se multipliaient dans des revues nouvelles comme la *Zeitschrift für Assyriologie* ou la *Revue d'Assyriologie*. Seule l'archéologie manquait encore d'une technique scientifique. Les fouilles de Sarzec n'avaient pas

été un modèle du genre, et celles qu'avaient entreprises les Américains à Nippur, à partir de 1889, se caractérisaient par un manque de méthode plus radical encore. Le tournant du siècle va marquer un important changement en ce domaine. Désormais, les fouilleurs vont procéder à des relevés architecturaux précis, prêtant attention à la stratigraphie des sites et notant l'emplacement exact des objets découverts.

7. **Les fouilles de Babylone et d'Assur.** — Ce furent les Allemands qui en firent les premiers la démonstration. Koldewey à Babylone et surtout W. Andrae à Assur (Qalaat Shergat) furent les véritables initiateurs de la technique moderne de fouilles en Mésopotamie. Ils reconstituèrent minutieusement le plan des grands ensembles architecturaux qu'ils découvraient, et leurs publications restent une source de tout premier ordre pour la connaissance des deux Empires. Malheureusement, et contre toute attente, la métropole du Sud n'a livré que peu d'objets ; la plupart ont été perdus par suite de l'élévation du niveau des eaux. En revanche, sa rivale septentrionale renfermait non seulement un riche matériel archéologique, mais encore de nombreuses tablettes qui nous ont fourni des informations essentielles sur la civilisation assyrienne. D'autres fouilles allemandes, entreprises à la veille de la guerre de 1914, celles de M. von Oppenheim à Tell Halaf, et de E. Herzfeld à Samarra permirent de connaître le passé syrien jusque dans le courant du IV^e^ millénaire.

8. **Les infortunes de l'érudition.** — Des découvertes si éclatantes devaient inévitablement échauffer certains esprits. Les Instituts d'Orientalisme n'ont

jamais manqué de visiteurs cherchant avec un sérieux inaltérable les secrets de la grande pyramide et des mages chaldéens. Mais il est étrange de constater que les théories les plus fumeuses jaillirent sous la plume d'éminents assyriologues, comme Fr. Delitzsch ou P. Jensen. Babylone avait été retrouvée ; ils ne virent plus qu'elle. Tout venait de Babylonie, à commencer par la langue et la religion des Hébreux. Les différences alors déjà nettes entre les Sémites de l'Est et leurs parents occidentaux s'écrasaient dans l'éblouissement. Les mots *Babel und Bibel* s'accordaient trop harmonieusement dans l'esprit de Fr. Delitzsch pour qu'il pût prêter l'attention requise aux antécédents d'Israël en Syrie et en Palestine même, dont l'antiquité excluait une origine akkadienne. Poursuivant dans sa foulée, H. Zimmern retrouvait la passion du Christ dans la descente de Bêl-Marduk aux enfers, sans tenir compte des genres littéraires entièrement hétérogènes des deux récits. Le Panbabylonisme connut de beaux jours en Allemagne : on rapprochait avec complaisance les systèmes cosmologiques égyptiens, hébraïques et grecs d'une religion babylonienne astrale, arbitrairement projetée dans le III$^{e}$ millénaire. Mais le triomphe de l'imagination mythique s'épanouit probablement dans l'ouvrage de P. Jensen, *Das Gilgamesch-Epos in der Weltliteratur*, paru en 1906. L'auteur y démontrait, avec les ressources d'une érudition considérable, que tous les mythes, non seulement ceux des peuples sémitiques, mais encore ceux de l'Inde, de la Grèce, de Rome et des autres pays occidentaux, dérivaient du prototype mésopotamien. Le résultat malheureusement parle de lui-même, et de ce livre monumental il ne reste strictement rien. La première guerre mondiale dissipa ces vapeurs ; on s'avisa qu'il était plus urgent d'explorer des sites et de publier de nouveaux textes. Il importe, cependant, avant d'examiner ces travaux, de rappeler une découverte capitale de la science allemande, faite à l'époque où fleurissaient les vastes synthèses, dont elle efface heureusement le souvenir.

9. **La découverte des Hittites.** — En 1906, H. Winckler entreprit le dégagement du site de Boghaz-köy, au nord-est d'Ankara, dont l'importance avait déjà été reconnue au XIXe siècle par des voyageurs comme Texier, Perrot et Chantre. La ville antique s'étendait sur un plateau en pente douce, dominée par une citadelle bâtie sur un éperon rocheux. Winckler suivit le tracé des installations militaires, mettant au jour des pièces de sculptures monumentales, notamment des lions et une divinité guerrière. Aux abords d'un grand temple de la ville basse, il découvrit un lot considérable de tablettes, dont une partie était rédigée en akkadien. Elles révélèrent à l'heureux fouilleur qu'il se trouvait sur l'emplacement de Hattusa, la capitale de l'Empire hittite.

On connaissait les Hittites par certains passages bibliques, les monuments de Ramsès II et des récits de campagnes militaires assyriens. L'importance de cet Empire était évidente, mais on manquait de témoignages directs. Maintenant, on disposait des archives mêmes de la chancellerie hittite qui comprenaient, en particulier, les textes de traités passés avec les Etats voisins. La découverte était de taille. Mais son intérêt augmenta encore lorsqu'on vit qu'une partie de ces archives était rédigée en langue hittite. On pouvait les lire, parce qu'elles étaient écrites à l'aide de signes cunéiformes babyloniens ; le problème était de trouver la clef de la langue. Ce fut l'œuvre de l'assyriologue tchécoslovaque Bedrich Hrozny.

Les scribes hittites faisaient un large usage d'idéogrammes suméro-akkadiens, qui permettaient de deviner parfois le sens de certains passages. La phrase qui fit jaillir dans l'esprit de Hrozny l'intuition décisive comportait l'idéogramme sumérien Ninda, « pain », suivi du mot hittite *ezzatteni*. D'après de nombreux recoupements, il paraissait probable que *teni* représentait une désinence verbale. Hrozny songea alors à rapprocher la racine *ezza* de l'allemand *essen*, « manger », et cette supposition lui en suggéra immédiatement une autre : le hittite *watar*, qui apparaissait dans les mots suivants *watarma akutteni*, ressemblait étrangement à l'allemand *wasser*, « eau », et une telle traduction offrait un sens très satisfaisant dans ce contexte : il y était visiblement question de « manger du pain » et de « boire (?) de l'eau ». Or, précisément, la racine *aku* du verbe qui devait signifier « boire » rappelait le latin *aqua*. Il fallait donc orienter les recherches vers l'indo-européen.

La découverte de nombreux bilingues, en particulier de lexiques sumériens-akkadiens-hittites, ne fit que confirmer l'intuition féconde de Hrozny. Dès 1917, il était à même de donner un aperçu général de la langue hittite, et les derniers doutes disparurent quand il publia en 1922, en même temps que H. Zimmern et J. Friedrich, mais indépendamment d'eux, une traduction du Code hittite. Les trois auteurs venaient de renouveler involontairement l'expérience de la *Royal Asiatic Society*, de manière tout aussi probante.

**10. Les fouilles après la première guerre mondiale.** — En Mésopotamie, les travaux reprirent, au lendemain du conflit, sur une vaste échelle. La multiplication des expéditions permit de connaître un nombre croissant de villes antiques disséminées sur des étendues de plus en plus considérables. Signalons, notamment, dans le Sud mésopotamien, les fouilles anglaises d'Eridu (Campbell Thompson et H. R. Hall), Kish (E. Mackay, S. Langdon, Ch. Watelin), El-Obeid et Ur où H. R. Hall et L. Woolley devaient retrouver des tombes royales archaïques d'une extraordinaire richesse. Les Allemands, de leur côté, explorèrent Sippar, Deir (W. Andrae et J. Jordan), Shuruppak (E. Schmidt) et Uruk (A. Nöldeke, E. Heinrich, A. von Haller et H. Lenzen), les Français reprirent leurs fouilles de Lagash et Larsa (H. de Genouillac, A. Parrot).

Dans les vallées du Moyen-Tigre et de la Diyala, Américains et Iraquiens ouvrirent des chantiers à Tell Asmar, Khafadje, Ischali, Tell Agrab, Uqair, Tell Umair et Tell Harmal. Dans la région du Haut-Tigre, les fouilles furent surtout le fait des Américains : Nuzi, Tell Billa, Tepe Gawra, Khorsabad, Shenshi, Djerwan. Mais les Anglais revinrent à Ninive (Campbell Thompson, R. W. Hutchinson, R. W. Hamilton, puis M. E. L. Mallowan). En outre, un sondage exécuté par Mallowan à Tell Arpachiya devait révéler des séquences importantes pour la chronologie préhistorique de ces régions.

Dans le bassin du Moyen-Euphrate, il faut signaler les travaux de F. Thureau-Dangin et P. Dhorme à Ashara, de F. Thureau-Dangin à Arslan Tash et à Tell Ahmar, de Carrière et Barrois à Neirab, de l'*Oriental Institute* de Chicago à Djedeidé et Taïnat, de Mallowan à Chagar Bazar et Tell Brak, de L. Woolley à Atchana. Leur intérêt, cependant, fut éclipsé par les fouilles entreprises par A. Parrot à Mari, site qui s'est révélé, suivant ses propres termes, « une véritable mine épigraphique ». C'est toute l'activité diplomatique et administrative du temps de Hammurapi qui transparaît dans ces textes. Sur la côte syrienne, le tell de Ras Shamra (Ugarit), fouillé par Cl. F. A. Schaeffer, s'est avéré un des plus riches de tout le Proche-Orient : des textes en langue locale écrite alphabétiquement, en babylonien, en hittite, en hurrite, projettent un éclairage nouveau sur les régions occidentales, du XV^e^ au XIII^e^ siècle avant J.-C. Un matériel archéologique qui semble inépuisable situe cet *emporium* au confluent des influences égyptiennes, égéennes et mésopotamiennes.

En Asie Mineure, enfin, les fouilles allemandes de Boghaz-köy se poursuivirent méthodiquement. Hrozny parvint à identifier à Kültepe, près de Kayseri, l'emplacement de Kanish, important centre commercial assyrien du XIX^e^ siècle avant J.-C. Il put ainsi mettre un terme au trafic clandestin des tablettes dites « cappadociennes » que les paysans extrayaient en cet endroit. Une mission de l'Institut oriental de Chicago devait découvrir un autre comptoir assyrien à Alishar, située à une centaine de kilomètres plus au nord. Les Turcs mirent au jour des tombes royales pré-hittites à Aladja höyük ; les Américains, puis les Français, des sculptures hittites monumentales à Malatya.

11. **Les travaux en cours.** — La deuxième guerre mondiale a naturellement interrompu toute activité, ou presque. Mais, depuis la fin des hostilités, les efforts ont repris de plus belle. Actuellement, on compte au moins une dizaine de chantiers de première importance. Les Allemands fouillent à Boghaz-köy et à Warka ; une mission turque a pris

la succession de celle de B. Hrozny à Kültepe, qui devient aussi « une mine épigraphique » : plus de dix mille tablettes assyriennes y ont été retrouvées ; d'autres équipes turques travaillent dans l'Est anatolien et sur les contreforts du Taurus, à Karatepe, où fut découverte une série d'inscriptions bilingues, rédigées en phénicien et en hiéroglyphes hittites, qui ont fait grandement progresser le déchiffrement de cette écriture et du dialecte hittite qu'elle transcrit. Une équipe anglaise travaille dans le Nord iraquien (Nimrud et Tell Rimah.) Les Français sont à Mari, Larsa, Ras Shamra et Suse. Les Américains ont repris leurs fouilles de Babylonie (à Nippur notamment) et explorent les sites préhistoriques du Kurdistan. Les Iraquiens ont conduit plusieurs expéditions en divers points de leur pays, en particulier à Hatra et à Eridu. Il ne s'écoule pas d'année qui ne rapporte un riche butin archéologique et épigraphique.

## III. — Approche de l'assyriologie

Aujourd'hui, où en sommes-nous ? Que nous apprennent ces témoins si divers du passé oriental ? La question, à vrai dire, est plus complexe qu'il ne paraît, et cela ne tient pas uniquement à la nature de la documentation. Tout dépend de ce qu'on cherche et donc d'abord des préoccupations des assyriologues eux-mêmes. Un des mobiles les plus puissants qui animèrent les chercheurs du siècle dernier fut de retrouver des documents illustrant les textes de la Bible. Quand Ninive fut identifiée, on s'efforça immédiatement d'y retrouver des souvenirs de Jonas. C'est l'émotion soulevée par la découverte de la version assyrienne du déluge qui fut à l'origine de la mission de G. Smith à Quyundjik.

Et quand Rawlinson annonça qu'il avait lu sur un monument de Ninive le récit du siège de Jérusalem par Sennacherib, les demandes d'information affluèrent de toutes parts. L'assyriologie devint pour beaucoup une annexe des études bibliques, et cette tendance s'est perpétuée jusqu'à nos jours, surtout dans les pays à forte tradition protestante. La meilleure anthologie de textes orientaux, publiée par les soins de J. B. Pritchard en 1950 et rééditée en 1955, porte le titre significatif de *Ancient Near Eastern Texts Relating to the Old Testament.*

L'assyriologie, cependant, conquit rapidement son autonomie. L'afflux des textes, le dégagement des grands ensembles architecturaux incitèrent de plus en plus les spécialistes à étudier les civilisations mésopotamiennes pour elles-mêmes. On compte un nombre respectable d'histoires « de Sumer et d'Akkad », sans parler des monographies consacrées à des périodes particulières. Certaines sont excellentes. Mais il plane aujourd'hui une équivoque sur les études d'histoire orientale, qui tient, d'une part, à la nature des sources, et d'autre part, visiblement à la formation des assyriologues eux-mêmes.

1. **L'interprétation de l'histoire.** — Il est évident qu'on ne peut concevoir un développement des études historiques sans assurer d'abord les cadres généraux et notamment la chronologie. Or la détermination de ces cadres dépend, pour une large part, de la documentation c'est-à-dire en l'occurrence d'inscriptions et de récits plus ou moins officiels. Il est inévitable, dans ces conditions, que les différentes périodes soient rythmées, au premier stade des recherches, par la succession des dynasties et des événements militaires. Les assyriologues se sont conformés d'autant plus facilement à ce moule qu'il

correspondait parfaitement aux habitudes encore en usage au début de ce siècle. « L'histoire-bataille », ou, comme on dit plus volontiers aujourd'hui, l'histoire « événementielle », représente une phase transitoire, mais inévitable et nécessaire, des études historiques. Ce n'est pas l'abondante floraison d'ouvrages assyriologiques de ce type qui crée un malaise. Le malaise — disons-le sans ambages — provient du fait que beaucoup d'assyriologues ne paraissent pas soupçonner, à l'heure actuelle, qu'on puisse faire autre chose. Tout se passe comme s'ils ignoraient le développement des autres disciplines historiques, médiévales ou modernes par exemple, dans lesquelles les recherches de structures sociales, économiques, culturelles, ont pris une place prépondérante. Ce ne sont pourtant pas les sources de ce type qui font défaut en Mésopotamie : les documents économiques, juridiques et administratifs, les lettres, tant publiques que privées, se chiffrent par dizaines de milliers. Ce qui manque c'est une certaine tournure d'esprit, parce que les assyriologues sont d'abord des éditeurs de textes, préoccupés de problèmes épigraphiques et philologiques.

Il ne s'agit pas de minimiser l'importance de ce genre de travaux ; il est bien évident que l'historien serait vite condamné à l'impuissance s'il ne disposait pas de textes dûment établis et pourvus de traductions précises. Mais l'Histoire n'est pas la somme, la résultante immédiate de ces éditions critiques. En fait, à lire les revues spécialisées, on sent rarement des lignes de recherches. Le plus souvent, c'est le hasard des découvertes faites dans les musées ou les collections privées qui suscite des études. Et l'on abandonne aux ouvrages de vulgarisation les exposés d'ensemble. On y trouve naturellement les thèmes traditionnels : le problème chronologique, insoluble actuellement (1), la succession des dynasties, des guerres et des invasions ; puis, des développements sur les institutions politiques et religieuses ; enfin un aperçu sur l'état de l'économie, des lettres et des arts. C'est dire qu'on traite souvent en annexe ce qui mériterait d'être mis en évidence.

2. **Importance des faits militaires.** — Cette constatation n'implique nullement qu'il faille rejeter à l'arrière-plan toute référence aux événements militaires. Certaines invasions, l'arrivée des Indo-Européens et des Cassites, par exemple, puis les migrations des « peuples de la mer » et des tribus araméennes, ont marqué des tournants dans le développement des sociétés orientales. On ne saurait en sous-estimer l'importance. Il y a là, au contraire, un trait caractéristique, une marque distinctive de l'Histoire ancienne, liée à des facteurs démographiques. Les populations ne peuvent plus se contenter de leurs cantons primitifs exigus, et elles n'ont pas encore les moyens de contrôler les territoires immenses qui les entourent ; elles flottent, en quelque sorte, sur des surfaces trop vastes pour leurs capacités administratives réelles. Et ces rencontres, ces heurts de groupes ethniques hétérogènes ont eu des répercussions psychologiques considérables, comme le durcissement du caractère assyrien qui n'est pas une malédiction originelle, ou l'aramaïsation profonde du Sud mésopotamien, obnubilée parfois sous le vocable « babylonien ». Loin donc de minimiser la portée des invasions, il faut en souligner l'impor-

(1) En attendant que des documents nouveaux viennent clarifier la situation, nous adoptons, à titre d'hypothèse de travail, le système chronologique de S. Smith ; cf. M. B. Rowton, *Cambridge Ancient History*, I, 6 (1962), 23-69.

tance, en les replaçant dans leur contexte démographique, institutionnel, culturel, et non en les traitant comme de simples vicissitudes politiques. Il est heureux et réconfortant de constater que çà et là des réactions s'amorcent. Mais cette réflexion sur l'attitude des assyriologues a une portée plus générale.

3. **L'interprétation des courants de pensée.** — Il importe de constater, en effet, que les ouvrages présentant les civilisations de Mésopotamie, et notamment ceux qui sont consacrés aux courants de pensée littéraires, philosophiques ou religieux, reflètent plus les préoccupations de leurs auteurs que celles des lettrés orientaux. On ne saurait dire que les conceptions de ces derniers aient été mal interprétées, mais on les a étudiées suivant les normes de l'humanisme occidental, dont les racines plongent dans l'Antiquité gréco-latine et dans la Bible. C'est dans la mesure où ils s'accordaient ou, au contraire, s'opposaient à ce système de valeurs, que les textes cunéiformes ont retenu l'attention. On a donc étudié les mythes, en particulier les cosmogonies, les épopées et tous les récits d'allure littéraire, les recueils sapientiaux, les rituels et les traités de portée dogmatique, permettant d'établir la hiérarchie des panthéons. Or il faut bien reconnaître que ces œuvres ne représentent pas l'essentiel de la production écrite de la Mésopotamie et qu'on ne traduit pas, en leur accordant une importance fondamentale, les préoccupations majeures des scribes. L'assyriologue américain A. L. Oppenheim a dénoncé récemment avec vigueur cette différence de perspective et son réquisitoire ne peut laisser personne indifférent (1).

(1) Cf. A. L. Oppenheim, *Ancient Mesopotamia*, Chicago, 1964, 7-30 ; 3e éd., 1968 ; trad. fr. *La Mésopotamie*, Gallimard, 1970, 19-41.

**4. Le contenu des tablettes cunéiformes.** — En essayant d'évaluer la nature et le nombre des tablettes cunéiformes, A. L. Oppenheim est arrivé aux conclusions suivantes : ces tablettes peuvent être réparties en deux groupes distincts ; le premier représente ce qu'on pourrait appeler « le courant de la tradition », c'est-à-dire un corpus d'œuvres littéraires variées, tenu soigneusement à jour par des générations de scribes ; le second comprend les textes de la pratique, notices de comptabilité, rapports administratifs, lettres publiques et privées, annales officielles, etc. C'est grâce au niveau culturel maintenu par le courant de la tradition que les scribes furent à même de remplir leurs fonctions pratiques. Or en quoi consistait ce corpus traditionnel ? On peut en juger par la bibliothèque d'Assurbanipal, dont il y a tout lieu de croire qu'elle est représentative de l'ensemble des textes retrouvés dans les villes mésopotamiennes.

La bibliothèque d'Assurbanipal comprenait plus de trois cents tablettes de présages divers, environ deux cents tablettes lexicographiques, une centaine de tablettes bilingues suméro-akkadiennes de prières et d'incantations, un nombre égal de conjurations apotropaïques et de textes épiques et sapientiaux. D'après les fragments isolés et les catalogues de bibliothèques, on peut supposer l'existence de deux cents tablettes supplémentaires, soit un total approximatif de neuf cents tablettes (1). Pour tenir compte de toutes les lacunes éventuelles de notre information, A. L. Oppenheim estime qu'il faudrait porter ce chiffre à quinze cents. Mais, même si on préfère s'en tenir à celui de neuf cents

(1) Le total ne tient pas compte des duplicata. On a retrouvé jusqu'à six copies d'un même texte.

tablettes, il faut remarquer que le nombre de textes proprement littéraires, en particulier les récits d'allure épique, est infime par rapport au total général. Il n'excède pas, en effet, trente-cinq ou quarante tablettes. Or ce sont ces trente-cinq ou quarante tablettes qui occupent la place principale des anthologies et des ouvrages consacrés aux civilisations de l'Orient ancien. Le déséquilibre est évident.

5. **Conséquences méthodologiques.** — Si l'on veut rétablir les perspectives véritables, voici ce qu'on pourrait conclure avec A. L. Oppenheim : « Le corpus ne doit être compris, apprécié et utilisé qu'en fonction de ce qu'il était censé représenter pour ceux qui l'ont créé, maintenu et utilisé. Et les textes littéraires doivent être considérés au premier chef d'après leur importance relative au sein du courant de la tradition. » La conséquence en est que l'assyriologue doit renoncer à donner la priorité aux thèmes traditionnels, mythologiques, littéraires et historiques, qui conditionnent sa formation. Il doit se pencher d'abord sur ces corpus arides, hérissés de difficultés à la fois philologiques et techniques. On ne peut traduire correctement un texte de présages astrologiques en ignorant tout de l'astronomie ; un texte de pronostics médicaux exige des connaissances physiologiques. Et il en va de même pour les mathématiques, le droit, les sciences économiques et sociales. L'assyriologue, estime A. L. Oppenheim, devrait s'entourer de spécialistes versés dans ces différentes matières, leur soumettre ses problèmes et tenter de les résoudre en collaboration avec eux. Sa science ne serait peut-être plus que l'auxiliaire de ces différentes disciplines, elle quitterait le domaine des Humanités

pour entrer dans la sphère de « l'anthropologie culturelle », mais la perte apparente d'autonomie serait largement compensée par le gain en précision.

6. **Appréciation.** — En fait que nous propose-t-on ? Beaucoup plus un changement de méthodes qu'un changement d'objectifs. En tout état de cause, il s'agit toujours d'apprécier une civilisation, et l'on ne voit pas très bien à quoi servirait tant de travail, s'il ne permettait de jeter un regard sur l'histoire des hommes, afin d'en mieux comprendre la signification. Sinon, si ce but ne reste pas présent à l'esprit de l'assyriologue, il rassemblerait les vestiges du passé comme on collectionne des timbres-poste ou des papillons, et mieux vaudrait alors les laisser dormir sous les sables du désert. En réalité, on ne s'évade pas des Humanités, qui ne s'opposent pas à l'anthropologie culturelle américaine ; le tout est de s'entendre sur la portée des termes, qui varie de pays à pays. Les Humanités ne se résument pas dans la méditation d'un classicisme immuable et par conséquent plus ou moins suranné ; elles sont présentes dès qu'on cherche à comprendre la nature des hommes, leur histoire et celle de leurs pensées, de leurs techniques, bref de leurs civilisations, quels que soient les moyens mis en œuvre pour y parvenir.

De ce fait, le déséquilibre constaté entre la nature des œuvres du canon traditionnel assyro-babylonien et l'image qu'en donnent les modernes, perd une partie de sa gravité. Si on voulait respecter les perspectives des lettrés mésopotamiens, on devrait consacrer plus de la moitié de nos développements à l'étude des présages et de la lexicographie, et présenter en annexe quelques aperçus rapides sur la nature de l'homme, de l'univers et des dieux.

Qui pourrait s'en contenter ? S'accorder le plus possible à la mentalité du modèle étudié, se faire Babylonien avec les Babyloniens, c'est le premier devoir de l'historien. Mais cet effort d'identification n'a d'autre but que de lui permettre de mieux reprendre ses droits, c'est-à-dire de proposer une explication. Et il est inévitable que cette explication corresponde aux interrogations d'aujourd'hui.

7. **L'esprit de la recherche assyriologique.** — Il est inévitable qu'on cherche à savoir comment les lettrés de Mésopotamie se représentaient la formation du monde, comment ils concevaient la nature foncière de l'homme et des dieux ; on veut connaître leur mentalité, leurs goûts littéraires et artistiques, leurs institutions. Tout ceci n'est pas particulièrement original, dira-t-on. C'est exact, encore que ce ne soit pas une raison suffisante pour ne pas aborder ces problèmes. Mais il est un point nouveau : c'est la manière de les poser. Quels que soient les faits considérés, on cherche aujourd'hui à les intégrer dans des phénomènes d'ensemble. On s'efforce d'évaluer le poids des facteurs économiques et sociaux, de déterminer le mécanisme des attitudes intellectuelles. Il ne s'agit pas de sacrifier à l'engouement d'une mode que les travaux futurs condamneront immanquablement à l'oubli. Même si les solutions qui paraissent s'imposer aujourd'hui doivent être abandonnées, il faut les proposer, ne serait-ce que pour en éprouver la solidité. Si les enquêtes sont bien menées, elles devraient laisser des traces comparables à celles de nos prédécesseurs, dont on mesure à la fois les mérites et les insuffisances.

C'est dans cette perspective que l'intervention d'autres spécialistes, de sociologues, d'économistes, d'historiens des sciences et des techniques pourrait s'avérer féconde en assyriologie. Peut-être permettrait-elle de mieux comprendre la part énorme de la divination sous toutes ses formes dans les préoccupations des clercs babyloniens. Peut-être l'importance respective des divers thèmes abordés dans nos ouvrages serait-elle plus conforme à la tradition canonique de la Mésopotamie. Mais l'intérêt principal de telles recherches serait de nous révéler les mécanismes intellectuels qui ont présidé à l'élaboration de ce corpus. Il serait de mettre à nu la logique interne des recueils de présages et des compilations lexicographiques. Car c'est finalement toujours la même question qui guidera les recherches : quels étaient ces hommes que nous avons la chance de saisir au seuil de la préhistoire, et que nous apprennent-ils sur nous-mêmes ? Et, en y répondant, nous serons fatalement amenés à prêter une attention particulière aux œuvres proprement littéraires qui n'occupent qu'une place secondaire dans la tradition mésopotamienne. Au fond, à suivre étroitement ce courant, à subordonner la hiérarchie de nos intérêts à celle des scribes de l'Antiquité, on risque de céder à une illusion, qui serait de considérer l'idéal de l'Histoire, entendue au sens le plus large, comme une conformité absolue aux sources. Or l'Histoire n'est pas une reproduction des sources ; elle en est l'interprétation. Et elle ne peut pas être autre chose, parce que notre niveau intellectuel est différent : nous nous posons des questions qui ne pouvaient pas effleurer l'esprit des Anciens. Essayer de préciser où en est aujourd'hui l'assyriologie, c'est poser des questions autant que fournir des réponses ; c'est mêler les interprétations aux évidences, les hypothèses aux certitudes. Les résultats acquis sont intimement liés aux recherches en cours.

## Chapitre II

# L'ÉVOLUTION DES SOCIÉTÉS

## I. — Naissance de la civilisation

Entre les vestiges du néolithique et l'Antiquité classique, l'Histoire maintenant est sans faille : cela ne signifie pas que tous les problèmes soient résolus ; il s'en faut de beaucoup. Mais une trame continue et déjà serrée relie, dans le Proche-Orient, l'époque des premières communautés agricoles au monde gréco-latin. Plus exactement nous voyons que l'histoire de la Mésopotamie ancienne s'intègre dans le développement des civilisations néolithiques. L'apparition de l'écriture n'est qu'un des éléments de leur évolution ; elle n'en marque pas le terme.

Cela est si vrai que l'apparition des premiers documents écrits ne modifie guère le fil de la narration. Il ne faut pas s'imaginer que l'Histoire vient relayer la Préhistoire en un violent contraste d'ombre et de lumière. Les plus anciennes tablettes pictographiques, qui datent du IVe millénaire, sont à peu près incompréhensibles. Et quand bien même nous parviendrions à les déchiffrer, il est infiniment probable que nous y trouverions de simples registres de comptabilité analogues à ceux que nous livrent les couches archaïques des cités sumériennes. Ils nous fourniraient des noms propres et nous pourrions peut-être déjà conclure à la présence des Sumériens ; quelques indices permettent de le soupçonner. Nous pourrions préciser certaines données économiques ; mais les vestiges archéologiques sont plus éloquents que ces nomenclatures sèches. En fait, les premiers documents écrits, même ceux que nous pouvons lire, ne permettent de préciser que très partiellement l'histoire politique, religieuse et culturelle de Sumer, car l'écriture n'a pas été inventée à cet effet. De nombreux siècles s'écouleront avant qu'on songe à rédiger des chroniques, des hymnes et des recueils de lois. L'écriture a été inventée parce que le développement économique de la Basse Mésopotamie nécessitait la tenue de livres de comptes.

Cette constatation n'implique nullement qu'il n'ait pas existé de traditions historiques et religieuses. Le IVe millénaire est au contraire l'époque où l'on constate un développement monumental des temples et c'est l'âge des héros dont l'épopée conservera le souvenir. Mais cette efflorescence a peu fourni matière à développements écrits. L'écrit assurait la pérennité de l'ordre économique. C'était une conséquence de la révolution agricole et mécanique des siècles antérieurs. L'Histoire, pour nous, n'est donc pas exclusivement liée à la présence du document écrit et, quand celui-ci apparaît, il ne projette sur les événements qu'une clarté incertaine. Pour en saisir l'enchaînement et la portée, il est nécessaire de remonter beaucoup plus haut dans le temps.

**1. La révolution agricole.** — Dès le Xe millénaire, les populations du Proche Orient, qui accusent déjà un type méditerranéen tout à fait comparable à celui de leurs successeurs actuels, commencent à s'établir sur le pourtour montagneux de la plaine mésopotamienne. Ce sont de petites communautés qui substituent progressivement au régime de la cueillette et de la chasse, celui de l'agriculture et de l'élevage. Mais les moyens rudimentaires dont elles disposent pour assurer leur subsistance ne leur permettent pas d'occuper la plaine. Elles se cantonnent sur les collines où le régime des pluies suffit à assurer normalement la moisson. On relève leurs traces de la Palestine au Kurdistan, et c'est dans cette dernière région, à Jarmo, qu'on trouve les premiers vestiges indubitables d'installations villageoises. D'après les évaluations fournies par le Carbone 14, on pourrait les dater de la première moitié du VII$^{e}$ millénaire.

Dès lors, le processus de civilisation s'accélère. Les paysans descendent des montagnes et défrichent les plateaux et les plaines. On suit leurs traces en Iran, notamment à Sialk, à Hassuna, près du Tigre, à Mersin et sur le plan anatolien, en Palestine. S'ils utilisent généralement encore un outillage de pierre, on constate l'apparition du cuivre en Iran. L'emploi du cachet imprimé sur l'argile se répand comme marque distinctive de propriété. Un art populaire se manifeste dans la décoration de la poterie. Des statuettes et des sépultures témoignent d'une vie religieuse, et il est probable qu'à cet essor culturel correspond un développement de l'organisation sociale. Mais nous ne pouvons en préciser le détail, ni suivre les étapes de son évolution. Pour nous, les différentes périodes portent les noms de sites dont on peut fixer l'ordre chronologique : Hassuna, Samarra, Tell Halaf dans le Nord ; Eridu, Hadj Mohammed dans le Sud. Mais ces noms correspondent à des styles de poterie et il est certainement faux de ramener l'histoire de ces sociétés à celle de leurs arts appliqués. Faute de témoignages plus précis, force nous est pour l'instant de nous contenter de cette terminologie.

2. **La révolution urbaine.** — Le IV$^{e}$ millénaire est marqué par une série de découvertes importantes : le tour du potier, le moule à briques et la

fonte en métallurgie. Les capacités de production s'en trouvent accrues d'autant, mais l'art y perd en originalité. A l'éblouissante céramique d'Halaf succède la poterie terne d'El Obeid, aux motifs géométriques souvent mal assurés. On la retrouve non seulement dans le Sud, mais sur toute l'aire couverte par l'ancienne civilisation d'Halaf, dans les régions du Habur, du Balih et en Syrie jusqu'à Antioche. Un tel succès n'est vraisemblablement pas dû à ses qualités intrinsèques, mais au type de civilisation qui l'accompagnait, une civilisation connaissant la fabrication en série et permettant une meilleure irrigation du sol.

Ce progrès dans les méthodes de culture, favorisant pour la première fois la constitution de réserves alimentaires, eut des conséquences importantes. Elles se traduisirent par un afflux démographique et la constitution de véritables villes. Par le fait même, les structures sociales durent s'en trouver profondément modifiées. C'est alors vraisemblablement que s'ébaucha le type des Cités-Etats que nous connaissons par les sources sumériennes. Mais est-il déjà possible de percer l'anonymat de ces sociétés, dont nous pouvons retracer la courbe évolutive ? Est-il déjà permis de parler de Sumer ?

Sur le site d'Uruk, en Basse Mésopotamie, la poterie d'Obeid cède la place, à partir du niveau 14, à une céramique monochrome grise ou rouge, parfois lustrée. Cette nouvelle période, dite d'Uruk, fut assez courte, de 3500 à 3300 environ. Puis on entre dans une phase nouvelle, caractérisée par un développement monumental des temples, le remplacement du cachet par le sceau-cylindre et l'apparition d'une céramique où l'on retrouve des motifs d'Obeid et un décor animalier. C'est dans ces couches que furent découvertes les plus anciennes tablettes pictographiques. Bien qu'il soit encore impossible d'en offrir une traduction suivie, leurs signes sont visiblement les prototypes de ceux qu'utilisèrent les scribes sumériens, et la mention dans un nom propre du dieu sumérien Enlil, suivi du mot TI qui signifie « vie », suivant une formation bien attestée aux époques ultérieures, laisse croire à la présence en cet endroit de populations sumériennes. Ce texte, il est vrai, a été trouvé dans une couche relativement récente, mais la continuité des formes graphiques invite à penser que l'invention de l'écriture peut être attribuée aux Sumériens. A quelle époque se sont-ils fixés dans le pays ? Cette question pose le problème de l'interprétation des couches archéologiques.

Il est impossible d'expliquer toute différenciation des éléments culturels d'un site donné par l'intrusion d'un nouveau groupe ethnique. Une telle interprétation ne s'impose que si l'on assiste à une mutation brusque, au remplacement brutal d'une civilisation par une autre, comme c'est le cas au tell Arpachiya, dont le niveau 6 fut pillé et incendié probablement par les gens d'Obeid, qui mirent ainsi un terme à la civilisation d'Halaf. Les cas de ce genre sont plutôt rares. Généralement, on assiste au remplacement progressif d'un style par un autre, et ce phénomène peut s'expliquer de bien des manières. Il peut être imputable à un mouvement de peuples, mais aussi à quelque découverte technique importante, modifiant les procédés de fabrication traditionnels et, peu à peu, les goûts de la clientèle. En l'absence de preuves écrites formelles, les interprétations relèvent des tendances personnelles de chaque archéologue, dont le métier exige à la fois prudence et finesse.

3. **Les origines sumériennes.** — En ce qui concerne le problème de l'arrivée des Sumériens, on doit tout

particulièrement prêter attention aux faits suivants : l'aire couverte par la civilisation d'Obeid est infiniment plus vaste que celle de Sumer, à ses débuts. Quand commence l'histoire écrite, les Sumériens apparaissent en petits groupes isolés en bordure du golfe Persique. D'autre part, l'usage du cylindre paraît lié à l'influence sumérienne : il supplante le cachet dans toutes les régions où elle se fait sentir, et disparaît avec elle. Bien qu'ils ne soient pas décisifs, ces indices laisseraient croire que la civilisation d'El Obeid est antérieure à l'arrivée des Sumériens en Mésopotamie. Il faudrait donc prendre plutôt en considération la coupure d'Uruk. Mais le problème de leurs origines ultimes doit être laissé en suspens. Archéologiquement, ils paraissent se rattacher à l'Iran, alors que leur situation géographique et certaines allusions littéraires à l'arrivée du dieu Enki, inviteraient à croire qu'ils sont venus par mer.

Quoi qu'il en soit, un fait tend à s'imposer aujourd'hui : les Sumériens ne furent pas les premiers occupants de la Basse Mésopotamie. La découverte à Eridu de civilisations antérieures à celle d'El Obeid, l'impossibilité d'expliquer par leur langue les noms des villes sumériennes paraissent des phénomènes corrélatifs. Si l'arrivée des Sumériens correspond à la phase dite d'Uruk, leur niveau de civilisation était inférieur à celui des populations établies à demeure. Mais ils assimilèrent avec facilité leur acquis et devinrent rapidement des maîtres à leur tour. Certains orientalistes estiment que les termes de leur langue relatifs à la culture des céréales et du dattier, la poterie, le travail du cuir et la construction seraient d'origine étrangère. Ils auraient conservé leur propre vocabulaire pour tout ce qui touche à la navigation, l'orfèvrerie, la sculpture, la glyptique et le travail intellectuel.

**4. Caractère composite de la civilisation mésopotamienne.** — La civilisation qui s'élabore en Mésopotamie, en ce tournant du IIIe millénaire, est donc le produit d'une fusion dont on ne perçoit que partiellement les diverses composantes. Il y a le savoir acquis pendant des millénaires de lente évolution par des peuples qui resteront toujours sans visage. Il y a l'apport neuf des Sumériens. Et en bordure du monde des sédentaires, on discerne le va-et-vient incessant des nomades. Certains d'entre eux commencent à se fixer à leur tour et, d'après quelques termes que la tradition nous a conservés, nous voyons qu'ils parlent des langues sémitiques. Dès l'instant où nous pouvons attacher des noms propres à des événements, nous constatons que les Sumériens et les Sémites sont en contact. Mais il est impossible de fixer entre eux une frontière. Tout au plus peut-on soupçonner une prédominance des éléments sumériens dans le Sud, des éléments sémitiques, on dira bientôt akkadiens, dans le Nord. En fait, ils paraissent assez étroitement mêlés et, de plus, on ne saurait retenir que ces seuls facteurs. S'ils sont appelés à dominer, si l'Histoire devient de plus en plus celle de Sumer et d'Akkad, il ne faut jamais oublier que ce sont les derniers rameaux d'une souche plus ancienne.

## II. — Le monde en expansion

Nous nous sommes longuement étendus sur les origines parce qu'on y trouve réunis tous les caractères fondamentaux de l'histoire mésopotamienne. Ils ne seront que lentement modifiés par la suite. Une révolution agricole et mécanique a provoqué l'expansion démographique et des spécialisations professionnelles. Des villes sont nées, dominées par les complexes imposants des temples. Au seul relevé de leurs dimensions — celui d'Uruk a plus de 500 m de long — on devine l'importance du facteur religieux et la puissance acquise par le clergé. Les temples, en fait, assument une part importante de la vie économique, dont la complexité croissante exige la tenue d'une comptabilité précise. C'est alors qu'on imagine d'enregistrer les travailleurs et la production, à l'aide de signes conventionnels tracés sur l'argile qui, de simples dessins réalistes au début, évoluent peu à peu vers le graphisme abstrait du syllabaire véritable. Et ce que nous montrent ces tablettes, c'est la structure de la société, la répartition du revenu communautaire, et par là les courants qui travaillent la cité en profondeur.

1. **Les seigneuries ecclésiastiques.** — Que les documents fassent mention de céréales et de cheptel, de bergers, de forgerons, de menuisiers, voire de marchands n'a rien qui puisse surprendre. Les trouvailles archéologiques le présupposent à elles seules. Il est déjà plus intéressant de constater la présence d'esclaves, mais en petit nombre. Le plus curieux, cependant, est l'absence du signe qui désignera le roi par la suite. A sa place, on trouve le signe EN qui signifiera à la fois prêtre et seigneur. Il est probable, dans ces conditions, que le personnage désigné par ce titre tirait ses prérogatives politiques de ses fonctions religieuses. Les cités sumériennes auraient donc été, à l'origine, des seigneuries ecclésiastiques. La supposition prend une grande vraisemblance quand on considère l'énormité des temples, qui sont apparemment les seuls bâtiments officiels. Or ce que vont mettre en lumière les témoignages écrits, avec une évidence croissante, c'est la décomposition du système de la Cité-temple.

**2. L'expansion politique.** — Il se produit tout d'abord une laïcisation du pouvoir politique. A l'âge héroïque de Sumer, celui de Gilgamesh et d'Enmerkar, dont les exploits serviront de thèmes aux épopées ultérieures, il semble que le chef militaire, le LUGAL ou « grand homme », ait réussi à s'imposer au prêtre local par la force et à le confiner dans ses fonctions religieuses. Les temples, cependant, conserveront leur puissance et des réactions pourront se faire jour, comme celles qui portèrent deux membres de la classe sacerdotale sur le trône de la ville de Lagash, vers 2400. Mais, dans l'ensemble, le pouvoir civil est la force qui monte, et c'est autour de l'idée de légitimité royale que s'organise les chroniques grâce auxquelles nous connaissons la liste des souverains de cette époque. D'après ces traditions, plusieurs villes exercèrent tour à tour la royauté sur le pays de Sumer. Nous n'en saisissons pas très bien le principe, ni le mécanisme, puisque nous savons, par des témoignages directs, que les souverains de villes qui ne figurent pas dans la liste principale imposèrent leur hégémonie. C'est le cas de Lagash sous Eannatum, vers 2500. Cette liste pourrait être tendancieuse : il n'est pas exclu qu'elle cherche à justifier les prétentions de la dynastie d'Isin, dans la première moitié du IIe millénaire. Mais, quelles qu'en soient la date de rédaction exacte et la portée, elle traduit une réalité effective : le conflit entre les cités sumériennes est permanent. Luttes de Lagash contre Umma, d'Ur contre Uruk, de Kish contre Adab, chaque ville cherche à s'imposer et à unifier le pays sous une autorité centrale. Ambitions personnelles, bouillonnement d'ardeur juvénile, sans aucun doute ; mais aussi nécessité économique. L'accroissement démographique fait éclater le cadre des vieilles structures urbaines ; la proximité des grands centres gêne leur approvisionnement. Comment se présente la structure d'une cité sumérienne, en ce milieu du IIIe millénaire ? Nous ne le connaissons que par un seul exemple, celui de Lagash, et encore imparfaitement ; mais il est instructif.

3. **L'organisation de la cité.** — A Lagash, les terres étaient réparties, dans une proportion encore incertaine, entre les membres de la noblesse qui les faisaient exploiter par des tenanciers et des esclaves, des communautés familiales non nobles qui les exploitaient directement, et les temples. Le régime des temples est le seul qui se prête à une description. Les autres ne nous sont connus que par quelques actes de vente, sur lesquels les assyriologues russes ont attiré récemment l'attention. D'après les inventaires qui nous sont parvenus, les terres du temple de la déesse Bawa couvraient une superficie d'au moins 4 500 ha. Le quart était exploité en faire-valoir direct ; le reste était donné en fermage ou laissé aux desservants pour leur entretien personnel. Ce temple entretenait un personnel d'environ 1 200 personnes, réparties en différentes catégories : laboureurs, gardiens des troupeaux, pêcheurs, boulangers, menuisiers, forgerons, etc. L'administration du domaine était confiée à des intendants et à des inspecteurs soumis à la direction de prêtres. Des scribes assuraient les services de secrétariat. Un temple n'était donc pas qu'un lieu de culte. C'était une vaste entreprise comportant des entrepôts, des centres de transformation et de distribution, bref un des principaux moteurs de l'économie. Or, si l'on tient compte du fait qu'une grande partie du clergé et de la haute administration se recrutait parmi les membres de la noblesse, on voit

que la cité était aux mains d'une oligarchie. Certes, les membres non nobles de la communauté étaient représentés à l'Assemblée qui siégeait parallèlement au Conseil des Anciens. C'étaient, toutefois, des organes surtout délibératifs et il ne semble pas qu'ils aient jamais entravé les décisions du pouvoir central. Une telle situation ne pouvait que favoriser les abus. Spoliations, paiements en argent exigés du menu peuple suivant les tarifs arbitraires, le tableau brossé par le roi Uruinimgina est éloquent. Mais les réformes qu'il promulgue ne modifient pas les structures de la société. En fait, le mal est plus profond. Un nouveau partage des terres, une refonte des cadres administratifs s'imposent. Le particularisme est devenu anachronique. Les contemporains n'en ont sans doute pas clairement conscience, mais on ne saurait considérer la tentative de Lugalzaggisi comme purement fortuite. Peu après 2400, ce prince d'Umma s'empare de Lagash, soumet Uruk, Ur, Kish ; il plie à son autorité tout le pays de Sumer et conduit ses armées jusque sur les rivages de la Méditerranée. Vingt-cinq ans plus tard, il était fait prisonnier par Sargon d'Akkad.

4. **L'expérience impériale.** — L'Empire fondé par Sargon marque un tournant de l'histoire. Pour la première fois, des peuples de langue sémitique parvenaient à exercer une hégémonie durable sur l'ensemble du territoire mésopotamien. Mais on ne peut parler d'une domination des Sémites sur les Sumériens sans fournir quelques précisions. Dans les inscriptions, on ne relève aucune opposition entre les deux groupes en tant que tels. Les distinctions que nous opérons entre eux sont non pas d'ordre ethnique, mais d'ordre linguistique. Les conflits ne se posèrent d'ailleurs jamais en termes de luttes raciales et, à

cette époque, même l'opposition linguistique est quelque peu illusoire, car les scribes officiels d'Akkad utilisèrent souvent la langue sumérienne.

L'importance de l'événement réside d'abord dans l'éclatement de l'horizon ancestral. Sargon conduisit ses armes victorieuses du golfe Persique à la Méditerranée, du Zagros au Taurus. Et même s'il ne parvint pas à unifier réellement tous ces territoires, son domaine semble avoir englobé toute la Mésopotamie jusqu'au Habur à l'ouest, la région de Kirkuk à l'est, la Diyala et l'Elam. Les contemporains durent avoir l'impression de découvrir un nouveau monde, et la facilité apparente de l'entreprise fit de Sargon le type du conquérant béni des dieux. La suite fut moins brillante. Sargon lui-même dut guerroyer toute sa vie ; ses successeurs eurent à faire face à de nombreuses révoltes et trois d'entre eux seraient morts assassinés ; le règne de Naram-Sin se termina en désastre, et la tradition vit dans ce roi la figure accomplie du souverain néfaste. Souci d'antithèse peut-être ; mais à tant d'attention on devine une succession de personnalités remarquables.

Pratiquement que voit-on ? Bien que nous ne puissions pas en juger pleinement, les archives de la chancellerie royale n'ayant pas encore été retrouvées, il est probable que le remaniement administratif fut profond. Les régions à prédominance akkadienne semblent avoir relevé directement du pouvoir central. Les régions conquises, comme la Basse Mésopotamie ou l'Elam, conservèrent leurs institutions, mais vidées de leur signification traditionnelle : si les chefs des cités sumériennes portent toujours les mêmes titres, ils ne sont plus que de simples gouverneurs locaux. En fait, la vieille noblesse a été brisée et remplacée par une aristocratie de fonctionnaires. Il y a peut-être déjà une armée permanente. Les progrès de la tendance universaliste se résument dans le titre de « roi des quatre régions » pris par Naram-Sin qui n'hésite pas, en outre, à faire précéder son nom du signe divin. Quand la dynastie d'Akkad s'effondre dans les incendies de l'invasion guti, une tradition impérialiste et centralisatrice est née, qui ne se perdra plus.

5. **Les facteurs de désintégration.** — On voit se dégager alors avec netteté quelques-unes des grandes constantes de l'histoire mésopotamienne, à travers les vicissitudes politiques apparentes. Mais ce sont ces révolutions dynastiques, ces alternances d'ordre et d'anarchie, que l'on est encore obligé de suivre pour caractériser les différentes périodes : après le chaos de l'invasion guti, la III^e^ dynastie d'Ur assure pendant un siècle une relative stabilité. Equilibre précaire : à partir de 2000, les rivalités se déchaînent à nouveau entre les villes mésopotamiennes, parmi lesquelles Isin et Larsa prédominent, cependant qu'on assiste à la lente montée de la I^re^ dynastie babylonienne. Celle-ci atteint son apogée sous Hammurapi (1792-1750), puis c'est le déclin, précipité au XVII^e^ siècle par les grandes invasions indo-européennes.

De ces dramatiques affrontements, un fait ressort : le pays des deux fleuves est de plus en plus ressenti comme une unité ; une unité dangereusement exposée aux invasions et qui doit, pour subsister, relever d'une seule autorité. La menace est double : à l'est, les montagnards peuvent à tout moment faire irruption dans la plaine ; après les Guti, il y eut de nombreuses incursions élamites, puis ce fut le tour des Cassites. A l'ouest, exception faite du raid foudroyant du roi hittite Mursil I^er^ sur Babylone vers 1595, le péril est autre : c'est la pression insidieuse des tribus nomades. Les nomades errent en groupes plus ou moins denses entre le désert syrien et le golfe Persique. Ils s'infiltrent partout. Que se relâche un instant l'attention des sédentaires, que des discordes éclatent entre eux, et ce peut être le pillage. Des dynasties amorrhéennes s'installent ainsi à la faveur de coups de mains, à Sippar, à Babylone, et même dans le Sud, à Larsa. Pour résister, les populations de la plaine doivent fortifier les villes, constituer des lignes de défense. Elles montent des expéditions punitives ou préventives qui les entraînent toujours plus loin. Le mouvement de dilatation est irréversible, mais il exige une autorité politique accrue.

6. **Affermissement du pouvoir royal.** — Les souverains d'Ur en ont tiré les premiers la conséquence et l'on ne peut qualifier leur siècle de Renaissance sumérienne, sans marquer des réserves. Politiquement, il prolonge la tradition d'Akkad. On retrouve la distinction entre un domaine royal relevant de l'administration directe et des provinces soumises à l'autorité de princes locaux. Mais ces « vassaux » sont étroitement surveillés par des *missi dominici* et les régions frontières sont confiées à des gouverneurs. L'autorité de l'Etat se fait sentir dans tous les domaines de l'activité économique et, si les temples conservent une puissance considérable, leur administration est étroitement mêlée à celle du pouvoir royal au point qu'on ne parvient pas toujours à distinguer l'une de l'autre. Le progrès de l'idée royale ne sera plus remis en cause et c'est pourquoi l'on ne saurait assimiler les luttes qui opposèrent les cités mésopotamiennes après la chute de l'empire d'Ur à celle des temps présargoniques. Il s'agissait désormais de savoir qui allait régenter les « quatre régions ». Le sort faillit sourire à Larsa,

et le succès de Hammurapi montre clairement l'enjeu de l'entreprise.

7. **L'unification de Hammurapi.** — Il y a maintenant un royaume qui s'étend jusqu'au Habur, englobe la vallée du Haut Tigre et la Diyala. L'ancien pays de Sumer et d'Akkad porte le nom de Babylonie. Sumer en tant qu'entité politique est morte, définitivement. Elle survit dans sa civilisation qui imprègne les esprits et les mœurs. Au nord, l'Assyrie a été conquise. Elle avait pourtant connu ses heures de gloire et de richesse après la chute d'Ur, quand elle partait à la conquête des marchés anatoliens. Sous Shamshi-Adad Ier, on aurait pu croire que l'unification allait se faire à son profit. Mais Hammurapi, joignant l'astuce diplomatique à la force des armes, est parvenu à se jouer de tous ses rivaux : Larsa, Eshnunna, Mari et même Assur ont dû reconnaître son autorité.

Unification politique, unification juridique aussi. Hammurapi publie un corpus de décrets qui tend à uniformiser la jurisprudence. Il ne s'agit pas encore d'un code, mais d'un recueil d'arrêts pouvant faire autorité, et qui sont d'ailleurs inspirés en partie de ceux de ses prédécesseurs, le roi d'Ur, Ur-nammu, et Lipit-Ishtar d'Isin. Ce n'est pas sans raison que nous les désignons par des noms de souverains. Eux-mêmes tinrent à placer ces œuvres sous leur patronage. Ce sont eux apparemment qui en prirent l'initiative, non des citoyens particulièrement écoutés. C'est qu'en fait le développement des institutions civiles ne favorisait guère la vie de citoyen. Toute la vie politique tournait autour de ces deux pôles qu'étaient le palais royal et le temple. Là était le moteur de la cité, non sur la place publique, symptomatiquement placée à « la porte de la ville ».

Il a pourtant existé des villes jouissant de franchises. Nous sommes très mal renseignés sur elles, mais il ne semble pas que leurs libertés aient porté atteinte aux prérogatives royales. S'il y eut des villes franches, il n'y eut pas de villes libres organisées démocratiquement. Partout et toujours l'indépendance politique fut garantie par l'autorité d'un monarque. Cette constatation restrictive ne doit pas nous conduire à accréditer l'image inverse, et classique, de populations soumises à l'arbitraire d'un despotisme sans mesure. L'ancien réformateur sumérien Uruinimgina affirmait déjà qu'il ne voulait pas « livrer au riche la veuve et l'orphelin ». La même tendance se fait jour dans tous les recueils juridiques postérieurs. Les souverains, toutefois, ne cherchent pas à promouvoir un progrès social. Ils consacrent en le réglementant, l'ordre établi.

8. **La société au temps de Hammurapi.** — La société babylonienne est divisée en trois classes : les personnes de condition sociale élevée, le menu peuple libre et les esclaves. Chacun de ces états est défini par un ensemble de droits et de devoirs proportionnés : à situation sociale supérieure, prérogatives *et* obligations supérieures. Tout délit contre une personne du premier groupe est puni plus sévèrement que s'il est commis contre un membre du second. Mais, en contrepartie, le privilégié doit acquitter des droits plus lourds que l'homme du commun en cas de divorce, et les honoraires qu'il verse au médecin sont également plus élevés. En outre, les fortunes modestes sont protégées par une législation particulière. Quant aux esclaves, ils sont des êtres de condition inférieure dont on peut disposer comme d'un bien, mais, dès l'époque hammurapienne sinon déjà avant, ils ne

sont plus considérés exclusivement comme des choses. L'esclave a une personnalité juridique : il peut se marier avec une femme libre, posséder des biens et ester en justice. Si un certain nombre d'entre eux étaient d'anciens prisonniers de guerre, la plupart se recrutaient dans les rangs des débiteurs insolvables dont le nombre n'a jamais été très élevé ; aussi ne peut-on dire que la société mésopotamienne ait été fondée sur l'esclavage. La masse des travailleurs était composée de petits exploitants agricoles et d'artisans, assistés des membres de leurs familles et d'ouvriers saisonniers.

9. **L'administration.** — Hammurapi, d'autre part, s'est efforcé de développer la centralisation administrative, tout en maintenant une certaine séparation des pouvoirs. Les services juridiques et financiers échappent en principe aux gouverneurs de provinces, à qui incombent seulement les problèmes d'administration générale, dont ils doivent rendre compte régulièrement au pouvoir central. En pratique, la confusion ancestrale se maintient souvent, notamment entre les pouvoirs civils et militaires. Le trait est caractéristique de ces sociétés. Elles ne parvinrent jamais à organiser un véritable appareil d'Etat animé par un corps spécialisé de fonctionnaires. Issus des cités sumériennes, les royaumes des époques ultérieures eurent tendance, quelles que fussent leurs dimensions, à s'inspirer des mêmes méthodes administratives. On pallia les insuffisances par un renforcement du pouvoir central et la multiplication des fonctionnaires. Mais ceux-ci restèrent au premier chef des serviteurs du monarque.

Cette notion de service personnel est fondamentale. Elle régit même les rapports de production.

On trouve, en effet, quatre catégories d'exploitants relevant de la couronne : des fermiers ; des colons peut-être recrutés parmi les populations soumises, auxquels le roi avance les animaux et les capitaux nécessaires à l'exploitation, moyennant une redevance en nature ; éventuellement des hommes de corvées qu'on dédommage en leur laissant une partie de la récolte ; enfin, une grande partie du personnel civil et militaire reçoit des terres en contrepartie d'une prestation de services personnels. Ces tenures d'étendue très variable sont inaliénables ; mais les soldats peuvent, en leur absence, les louer à des colons. A tous les échelons, le souverain garde un contrôle étroit de son domaine, et l'on voit la chancellerie royale intervenir dans des questions aussi humbles que les plaintes d'un meunier ou la tonte des moutons. L'administration conserve un caractère patriarcal qui pourrait assurer une cohésion suffisante, si d'autres forces ne venaient secouer le monde oriental.

## III. — L'éclatement

**1. L'arrivée des Cassites et des Indo-Européens.** — On discerne les signes avant-coureurs d'un bouleversement dès l'époque hammurapienne. De forts groupes hurrites s'étaient installés à l'ouest du Tigre ; des Cassites descendaient régulièrement du Zagros pour chercher du travail ; parfois aussi des bandes armées ravageaient la plaine. Au XVII^e^ siècle, c'est l'invasion. Poussés sans doute par les premières vagues indo-iraniennes, les Cassites descendent en masse des montagnes et se répandent en Babylonie, bientôt suivis par les cavaliers aryens. Ceux-ci se mêlent aux Cassites et aux Hurrites qu'ils accompagnent dans leur poussée vers l'Ouest. On en retrouve jusqu'en Palestine. L'expansion, toutefois, perd de sa force au fur et à mesure qu'elle progresse vers la Méditerranée. Elle ne pénètre guère en Anatolie où la dynastie de Kussar vient de jeter les fondations de l'Empire hittite. Nouvelle effervescence ! Le roi Mursil I<sup>er</sup> descend en Syrie, saccage Alep et pousse jusqu'à Babylone dont il s'empare. Le raid est sans lendemain : l'Empire hittite s'abîme dans les luttes intestines, mais son intervention sur la scène babylonienne ne fait qu'y accroître la confusion. Puis, c'est le tour de la Syro-Palestine envahie par les Egyptiens qui pourchassent les Hyksos.

2. **Le nouveau concert international.** — Quand, vers 1450, s'épuisent les dernières ondes migratoires, la situation politique est entièrement renouvelée. La pièce maîtresse du nouvel ensemble est l'empire du Mitanni qui s'étend du Zagros à la Méditerranée. C'est un Etat où les éléments hourrites jouent un rôle prépondérant, sous la direction d'une aristocratie portant des noms aryens. Divers pays sujets en font partie, parmi lesquels l'Assyrie. Au sud-est, une Babylonie cassite relève ses ruines. Le long de la côte méditerranéenne jusqu'à Byblos, s'étend un protectorat égyptien. En Asie Mineure, l'Empire hittite a retrouvé sa vigueur sous l'impulsion de Tudhaliya II. Telles sont les grandes puissances, et elles sont en contact étroit. Pour la première fois dans l'histoire, l'équilibre provient non pas du vide qui isole les principaux protagonistes, mais de leurs poussées convergentes. Qu'une lézarde apparaisse en un point quelconque, et l'édifice s'écroulera. C'est toute l'histoire des deux siècles qui suivent.

Nous sommes abondamment renseignés sur cette période par les archives diplomatiques rédigées en babylonien, que l'on a découvertes en Egypte, à Tell el-Amarna ; les documents économiques et politiques d'Ugarit ; les traités et les récits annalistiques émanant des chancelleries hittites, assyriennes et babyloniennes. Une seule lacune, mais considérable : l'absence quasi totale de témoignages en provenance du Mitanni, dont la capitale, Washukanni, n'a pas encore été retrouvée. Toutefois, les sources dont nous disposons suffisent à montrer l'intense activité diplomatique qui règne entre les différentes cours. Dans l'ensemble les relations entre l'Egypte, le Mitanni et la Babylonie sont bonnes et donnent parfois lieu à des alliances matrimoniales. Ce sont les Hittites qui inspirent les plus vives inquiétudes, du moins au début.

3. **L'Empire hittite.** — L'Empire hittite est un Etat d'esprit sacerdotal et militaire. L'importance de la noblesse y est considérable. Bien que son ancienne turbulence et ses prétentions aient été sérieusement limitées, en particulier par l'édit de succession du roi Telepinu, ses prérogatives restent grandes. Ce sont les nobles qui assument l'administration des provinces, et des princes reçoivent en apanage les pays conquis, comme Alep ou Karkemish. Le roi, lui, se réserve surtout la conduite des armées et des cérémonies du culte. Nous sommes beaucoup plus mal renseignés sur les classes inférieures, parce que les tablettes retrouvées à Boghazköy, l'ancienne Hattusa, sont de nature essentiellement politique et religieuse. Peuple de paysans et d'artisans sans doute ; il existe aussi une activité commerciale, comme le montrent les textes d'Ugarit. Mais l'absence d'archives économiques hittites nous empêche de voir les infrastructures du pays. Nous le connaissons surtout à travers ses classes dirigeantes et la politique de ses rois.

Or, en 1385, monte sur le trône un prince extrêmement capable et entreprenant, Suppiluliuma. Dès ses premiers actes, l'équilibre savamment élaboré par la diplomatie internationale se trouve rompu. Prenant à revers les défenses mitanniennes, l'armée hittite s'empare de Qatna et occupe la vallée de l'Oronte. L'Egypte ne réagit pas, mais la fidélité de ses protégés syriens se refroidit singulièrement. Quelques années plus tard, le roi de Mitanni est assassiné, et l'Assyrien Assur-Uballit I en profite pour affirmer son indépendance et occuper une partie du Mitanni. La conséquence ne se fait pas attendre longtemps : l'autre moitié du Mitanni devient un protectorat hittite.

Il est impossible de relater ici par le menu, la suite des événements : l'intervention active de l'Egypte, les luttes difficiles menées sur tous les fronts anatoliens par les rois hittites Mursil II, puis Muwatalli, qui parvient à arrêter Ramsès II à Qadesh ; le réveil de l'Assyrie qui pousse énergiquement en direction de l'Euphrate et de la Babylonie. C'est à nouveau de ce côté que se reporte l'attention, lorsque Egyptiens et Hittites, épuisés par cent ans de guerres, se décident à traiter en 1280. La fortune sourit d'abord aux armes d'Assur. Salmanazar I atteint Karkemish ; son fils Tukulti-Ninurta I, après avoir également battu des armées hittites, parvient à s'emparer de Babylone. Puis c'est le reflux. Une révolte chasse l'occupant et l'Assyrie tombe sous tutelle babylonienne. Vers 1200, les seules puissances qui comptent sont la Babylonie et l'Egypte.

**4. Les transformations de la Babylonie.** — La Babylonie d'alors n'a plus de cassite que le nom. Elle a depuis longtemps assimilé les anciens envahisseurs dont la présence ne se manifeste guère que dans l'onomastique. Toute la production littéraire est d'inspiration foncièrement babylonienne, et elle est considérable. Les scribes colligent les ouvrages de leurs prédécesseurs et les compilent en recueils qui feront désormais autorité. Rituels, présages, incantations, traités médicaux ou lexicographiques revêtent une forme canonique. On retrouve dans les milieux intellectuels la même prise de conscience qui a provoqué le sursaut victorieux de résistance à l'Assyrien. Retour aux sources, mais en même temps évolution sensible : de grandes œuvres littéraires ou religieuses, comme l'épopée de Gilgamesh et le poème de la création, sont alors profondément remaniés. Et cette constatation est encore plus vraie dans le domaine politique et économique.

La tendance à la formation d'unités confédérales, assez accentuée dans les Empires hittite et mitannien, s'est également fait sentir en Babylonie. Si l'évolution y fut moins radicale, le processus n'en est pas moins perceptible. On en trouve l'origine dans la transformation qui affecta la nature des tenures, dès l'époque de la I^re^ dynastie. Très vite leur caractère personnel et inaliénable ne fut plus respecté et l'on vit se constituer d'immenses domaines. Leurs titulaires, toutefois, restaient responsables de l'exécution des services auxquels étaient astreints les tenanciers subalternes. Aussi la tentation était-elle forte de pressurer ces derniers pour faire fortune à leurs dépens. Il n'est donc pas étonnant de voir se multiplier les franchises à l'époque cassite. Le propriétaire y trouvait son compte, puisqu'il percevait à son profit les charges anciennement dues à l'Etat. Mais il en allait de même pour le petit tenancier dépendant désormais d'un maître, qui n'avait plus les mêmes raisons de l'accabler. C'est l'Etat, atteint dans le fonctionnement des services publics et privé d'une source importante de revenus, qui en pâtit. L'autorité royale faiblit dangereusement devant l'ascension des familles aristocratiques. Et le mouvement prend toute son ampleur à la veille de redoutables invasions, au moment où l'autorité du pouvoir central aurait été la plus nécessaire. La Babylonie, toutefois, n'en subit pas immédiatement les effets. Le coup fut d'abord asséné à ses voisins.

5. **L'invasion des peuples de la mer.** — Cette fois-ci, la commotion s'est produite à l'ouest, probablement en Europe, et jette sur l'Asie antérieure des groupes de populations, que les sources égyptiennes désignent sous le nom de « peuples de la mer ». Nous connaissons très mal ce mouvement migratoire ; on ne peut que le suivre à la trace de ses destructions : l'Empire hittite s'écroule ; sa capitale est incendiée. Puis c'est le tour de Karkemish et des villes de la côte syrienne. Les dernières vagues viennent mourir à la frontière égyptienne, où Ramsès III parvient à les endiguer vers 1190. Jusqu'alors, les pays orientaux avaient été épargnés, ce qui ne signifie pas qu'ils aient vécu en paix. La lutte séculaire entre Assur et Babylone avait repris avec des alternances de succès et de revers, mais aggravée par des incursions élamites. Vers 1160, la dynastie cassite disparaît sous les coups du roi d'Elam, Shutruk-Nahunte I. Puis les rois de la IIe dynastie d'Isin parviennent à restaurer l'unité du pays. Cet affrontement se serait probablement prolongé, si la Mésopotamie n'avait subi le contrecoup des invasions occidentales. En occupant les régions syro-palestiniennes, les peuples de la mer avaient perturbé les terres d'élection des nomades, qui se mirent en branle à leur tour.

**6. Les invasions araméennes.** — Lorsqu'on étudie les migrations des nomades, il ne faut jamais perdre de vue qu'elles sont incessantes et qu'elles deviennent généralement perceptibles dans la mesure où les sédentaires sont suffisamment affaiblis pour succomber à un rezzou. Il est possible qu'il faille expliquer ainsi l'établissement de tribus araméennes dans toutes les régions ravagées par les peuples de la mer. Mais, en ce tournant du XIe siècle, la poussée araméenne prend une ampleur qui laisse supposer un exode massif. Afflux démographique trop longtemps contenu, pression exercée par les peuples de la mer, il est difficile d'en décider. On sait qu'il y eut des famines. D'autres facteurs encore ont pu exercer leur influence. Toujours est-il que les effets des deux invasions se conjuguent au point qu'il est impossible de les dissocier historiquement. Parti d'Europe, le mouvement s'est propagé jusqu'au golfe Persique en vagues successives, dont on peut mesurer la force aux efforts déployés par les Etats organisés pour les contenir. Tiglath-phalazar I passe les trente-neuf ans de son règne en campagnes incessantes, traversant jusqu'à vingt-huit fois l'Euphrate à la poursuite des tribus insaisissables, poussant la contre-offensive jusqu'à la Méditerranée. Et pourtant, vingt ans plus tard, l'Assyrie est submergée ; Araméens et Sutéens campent dans les villes désertes de Babylonie. L'ennemi, toutefois, ne procède pas à une occupation méthodique des territoires. Il est aussi fluctuant dans la victoire que dans l'attaque. Les deux Etats mésopotamiens parviennent à se ressaisir et à subsister tant bien que mal, ramenés à des proportions exiguës : l'Assyrie ne représente plus qu'une bande de territoire au confluent du Tigre et du petit Zab ; un royaume de Babylone se reconstitue dans les montagnes en bordure de la Diyala. Mais le cours des événements marque les tempéraments nationaux d'une empreinte indélébile qui imprimera une orientation divergente à l'histoire des deux pays.

La Babylonie, longtemps protégée par la résistance de son voisin et affaiblie par la politique intérieure des rois cassites, s'effondre brusquement. L'œuvre de restauration sera entreprise par les grands centres religieux qui constitueront autant de seigneuries ecclésiastiques. La tradition curieusement se perpétue. L'Assyrie, au contraire, sort complètement transformée de ses luttes incessantes. Ce peuple de paysans et de marchands revêt peu à peu le caractère que l'histoire traditionnellement lui assigne et qu'il n'avait pas jusqu'alors, celui d'une nation de proie. Il se défend avec la dernière énergie ; le danger le rend cruel ; les institutions se durcissent ; la guerre, en même temps apparaît comme le seul exutoire à l'asphyxie économique : l'armée part en campagne pour obtenir les matières premières qui font défaut ; les populations vaincues sont déportées pour suppléer au manque de main-d'œuvre. Et le succès aidant, la guerre devient une habitude, une sorte d'industrie rentable. Cette transformation est grosse d'avenir, mais elle ne fera sentir ses effets que plus tard. Pendant un siècle la situation restera confuse. C'est en Occident, dans les régions touchées les premières par l'invasion qu'un nouvel équilibre se dessine.

7. **Les royaumes occidentaux.** — L'Asie Mineure ne joue plus un rôle de premier plan. Le cœur de ce qui fut l'Empire hittite est occupé par les Phrygiens. Mais quelques principautés hittites parviennent à se reconstituer dans le Taurus et en Syrie du Nord. Leur importance toutefois, n'excède pas celle des

royaumes araméens qui se partagent la plaine syrienne : Bît-Adini, Bît-Agousi, Bît-Gabbari, etc. Le plus considérable d'entre eux est fondé à Damas vers 950. Plus au sud, les Hébreux parviennent à constituer une unité politique d'une certaine ampleur. Leur progression, poursuivie insidieusement pendant deux siècles à la faveur du grand mouvement nomade auquel ils participent, se stabilise vers l'an 1000, lorsque David réussit à unifier les tribus, battre les Philistins et s'emparer de Jérusalem. Ces royaumes calquent leurs institutions sur celles de leurs devanciers. Jérusalem, sous Salomon, suit la méthode de domination égyptienne. Damas, sous la dynastie des Bar-Hadad, prend la tête d'un groupe de cités sujettes, selon le modèle hittite. Mais aucun de ces royaumes ne parvient à trouver son équilibre et, en Israël, la dureté de Salomon provoque le schisme des tribus du Nord. Samarie, toutefois, s'oppose à Jérusalem sans en modifier les procédés administratifs. Telles sont les puissances du jour et l'on a tendance à croire généralement que leur éclat provient surtout de la faiblesse de leurs grands voisins. En réalité, cette présomption, qui s'appuie principalement sur la connaissance que nous avons de la suite des événements, n'est qu'à moitié exacte. Bar-Hadad II parviendra à briser l'élan de Salmanazar III à Qarqar, en 853, et l'on discerne mal les raisons qui empêchèrent Aram de suivre l'exemple mitannien, voire assyrien.

## IV. — A la recherche de l'unité

1. **L'expansion assyrienne.** — A la fin du X$^{e}$ siècle, au moment où s'apaise la tourmente qui faillit emporter l'Assyrie, celle-ci ne représente pas une

force supérieure au nouveau royaume de Damas. Tant par l'étendue du territoire que par la diversité des ressources dont il dispose, l'Araméen semble avoir un plus brillant avenir devant lui. Mais il existe entre les deux protagonistes la différence qui sépare le nanti du lésé. Cette différence d'élan national, une forte centralisation administrative, peuvent expliquer la fortune d'Assur, qui dispose de surcroît d'un redoutable instrument militaire ; la guerre est devenue plus qu'une nécessité, une habitude. Aussi, quand la virulence de l'adversaire commence à s'émousser, les armées assyriennes ne relâchent-elles pas leur pression. Elles poursuivent leur tactique de harcèlement qui, peu à peu, se mue en offensive. Chaque année le roi part en campagne. Quand l'ennemi résiste, c'est le pillage ; quand il se soumet, il doit livrer tribut. A la longue des régions de plus en plus vastes sont régulièrement rançonnées, pour être incorporées finalement au domaine d'Assur. A sa mort, en 859, le roi Assurnazirpal II domine un territoire comprenant pratiquement la Djezireh jusqu'à Harran, la région du Haut Tigre et les territoires en bordure du petit Zab. Son fils, Salmanazar III, accentue la poussée. En 853, il marche sur Damas. Bar-Hadad II et ses alliés parviennent à lui tenir tête à Qarqar. Mais toute la Syrie du Nord jusqu'à la Cilicie est tombée en son pouvoir.

2. **Les crises.** — La menace paraît grande et pourtant elle ne se concrétise pas encore, parce que la dilatation trop rapide de la puissance assyrienne provoque de graves crises intérieures. Les nouvelles régions conquises ont été confiées à des gouverneurs qui jouissent d'une puissance considérable. Pratiquement ils concentrent entre leurs mains la totalité

des pouvoirs civils et militaires. Ce sont eux notamment qui lèvent les troupes et perçoivent les impôts. Bref, ils font souvent figure de potentats locaux. Le seul frein à leur autorité réside dans le renouvellement des charges à chaque changement de règne et l'étendue variable de leurs gouvernements. En 827, éclate une révolte conduite par l'héritier présomptif qui s'est attaché la petite noblesse. Elle est écrasée par un autre fils de Salmanazar, Shamshi-Adad V, auquel se sont ralliés les hauts dignitaires. Le nouveau roi récompense ses partisans en les confirmant dans leurs charges qui deviennent inamovibles, et en leur partageant les provinces enlevées aux rebelles. La vieille aristocratie militaire dispose ainsi de pouvoirs plus étendus que par le passé, aggravant le mal qui mine le pouvoir royal. Après le règne d'Adad-nirari III, les révoltes se succèdent à un rythme accéléré. Vers 750, la crise intérieure est aiguë. Si l'Empire se maintient, c'est précisément à cause de la puissance de cette noblesse qui détient la réalité du pouvoir et parvient à conjurer la menace extérieure.

Au cours du IXe siècle, un Etat s'était constitué dans la région du lac de Van, l'Urartu. On le connaît encore très mal, mais il semble, à en juger par le style des annales royales et la structure même de l'Etat, que l'influence hittite y ait été prédominante. Or, au début du VIIIe siècle, la puissance urartéenne, qui contrôle déjà un territoire s'étendant des sources du Tigre à l'Araxe, se dilate dangereusement. Sous l'énergique impulsion du roi Argisti I, ses armées atteignent les royaumes hittites du Taurus ; à l'est, elles entrent en contact avec les tribus mèdes et perses qui s'établissent sur le plateau iranien ; au sud, elles attaquent directement l'Assyrie. Ecartée à grand-peine, la menace reste sérieuse, car l'ennemi, effectuant un mouvement tournant, pénètre en Syrie du Nord. Si la vieille rivalité avec la Babylonie s'était ravivée alors, il est probable que l'Assyrie aurait connu une période au moins aussi sombre que celle des invasions araméennes. Mais elle ne court aucun danger sur ses arrières.

3. **Les Babylonies.** — Il faut distinguer alors deux Babylonies : une Babylonie politique repliée dans les montagnes de la Diyala, qui a signé un traité de paix avec Adad-nirari III ; et une Babylonie religieuse constituée par les grands centres de la plaine. Ces villes sont administrées par des membres du clergé dépendant nominalement du roi. Suivant le mot de G. Goossens, dont nous résumons les conclusions pour cette période, la région constitue une sorte de « terre sainte ». Dès le IX$^{e}$ siècle, son rayonnement spirituel est tel que les rois d'Assyrie, même les plus grands, ne cherchent pas à l'annexer. Lorsqu'ils descendent vers le Sud, ils se rendent en pèlerinage dans les différents sanctuaires. Toute la vie religieuse assyrienne s'imprègne alors d'influence babylonienne, et cette modification du climat intellectuel explique en grande partie la détente politique que l'on constate jusqu'au milieu du VIII$^{e}$ siècle, et les dispositions particulières qu'addopteront par la suite les monarques assyriens.

4. **La restauration impérialiste.** — En 744, une révolte éclate qui porte sur le trône un fils d'Adadnirari : Tiglathphalazar III. Incontestablement, le nouveau souverain a restauré l'autorité royale. Mais le détail des mesures prises à cet effet échappe encore à l'investigation. Il n'est nullement prouvé que le roi ait dédoublé les charges importantes, pour éviter la concentration de pouvoirs entre

les mêmes mains, ni qu'il ait partagé les provinces trop étendues. Les structures administratives assyriennes restèrent inchangées et les gouverneurs conservèrent leurs fonctions. Mais le monarque put régner désormais sur une noblesse docile.

Autre fait d'importance capitale : Tiglathphalazar procède à une série de réformes militaires. Il crée une armée permanente comportant de nombreux contingents étrangers et une garde royale. La charrerie, arme noble par excellence, voit son rôle diminuer au profit de la cavalerie et des unités de piquiers. On devine à la fois le désir d'assurer l'indépendance du pouvoir royal et la volonté de mener la guerre par de tout autres méthodes. La tactique des raids est révolue. Il s'agit maintenant d'éliminer totalement l'adversaire. Le territoire conquis sera partagé en provinces, occupé par des garnisons, et ses populations déportées pour briser toute velléité de résistance. Les résultats ne se font pas attendre.

Tiglathphalazar commence par dégager l'Assyrie de la pression qu'exerçaient sur elle les tribus araméennes de Babylonie. Puis il se retourne vers l'Ouest, élimine les armées urartéennes de Syrie et occupe la vallée de l'Oronte. Une attaque frontale contre l'Urartu ne progressant que difficilement, il évite de compromettre les résultats acquis et reprend le plan d'expansion occidentale. En 732, il occupe Damas. Cependant, les événements devenaient préoccupants en Babylonie. Les tribus chaldéennes progressaient dans un climat d'anarchie croissante. La tentation était forte d'intervenir pour y implanter l'ordre assyrien. Tiglathphalazar s'y résout en 729, mais d'une manière particulière, qui témoigne peut-être de son respect pour cette vieille terre de civilisation. Il dépose le roi chaldéen de Babylonie et se fait reconnaître comme souverain sous le nom de

Pulu : fiction juridique établissant l'union personnelle d'une double monarchie assyro-babylonienne. A sa mort, deux ans plus tard, il avait engagé l'Assyrie sur la voie de la domination universelle où tous ses successeurs devaient le suivre inexorablement.

5. **Les Sargonides.** — Sargon II, Sennacherib, Assarhadon, Assurbanipal, la formidable dilatation de l'Empire se poursuit dans son erreur tragique. L'Assyrie est prise dans l'engrenage de la conquête dont elle ne peut plus s'évader. Tout l'y pousse : des impératifs militaires d'abord, car le meilleur moyen de prévenir l'invasion est de porter la guerre chez l'ennemi ; la gloire aussi, chaque souverain cherchant à surpasser l'œuvre de son prédécesseur ; les nécessités économiques enfin, parce qu'à soutenir un tel effort les provinces s'épuisent. Le pays a soif de terres nouvelles, mais chaque conquête découvre de nouveaux horizons et tout est à recommencer.

De surcroît, l'ignorance des mouvements de peuples lointains favorise des choix dangereux. Si l'Assyrien connaît de longue date l'Egypte et l'Elam, à un moindre degré l'Urartu, il ne peut deviner la gravité de la menace cimmérienne et scythe qui se profile à l'horizon. Tous les efforts porteront sur les extrémités orientales et occidentales de l'Empire, au détriment de la frontière Nord. Seul, Sargon II entreprend, en 714, un raid foudroyant contre l'Urartu qui a pour résultat principal d'affaiblir ce pays au moment même où il aurait pu servir de rempart aux peuples de Mésopotamie. Mais les souverains de Ninive ne peuvent le prévoir. Si leurs services de renseignements parviennent à obtenir des détails sur les mouvements de troupes urartéennes, il leur est difficile de mesurer l'importance des événements qui se déroulent aux abords du Caucase. Les intrigues de l'Egypte en Palestine, celles de l'Elam qui entretient l'effervescence au pays de la mer, retiennent beaucoup plus l'attention. C'est dans ces deux directions que s'élanceront les armées assyriennes.

Contre l'Elam et ses alliés chaldéens de Babylonie, la partie est très dure. Sennacherib passe dix années en combats stériles, subit de graves revers et, dans sa fureur, saccage Babylone en 689. Reconstruite par Assarhadon, la ville sera détruite à nouveau par Assurbanipal en 648. Peu après, ce sera le tour de Suse, et l'Elam deviendra province assyrienne. Quant à l'Egypte, elle subit le premier choc sous Assarhadon qui parvient à s'emparer de Memphis en 671. Succès éphémère : Assurbanipal doit reprendre l'entreprise quatre ans plus tard. Il pousse jusqu'à Thèbes, mais dès l'année suivante, Psammétique commence à refouler les garnisons assyriennes. Or, pendant que se déroulent ces expéditions épuisantes, la frontière nord de l'Empire ne cesse de reculer : Sennacherib évacue le Tabal et certains districts du Zagros ; Assarhadon doit abandonner le reste de l'Asie Mineure, ravagée par les Cimmériens, et ne peut empêcher les Mèdes d'occuper le Zagros ; Assurbanipal perd le contrôle de la région du Haut Tigre. Le cœur de l'Assyrie est à la merci d'un raid. Il ne se produira qu'après la mort du roi, et pendant un siècle l'Assyrie peut maintenir un rayonnement redoutable.

6. **L'Empire assyrien.** — Cela tient à l'efficacité des réformes de Tiglathphalazar III, et peut-être beaucoup plus à la qualité des grands commis de l'Etat qu'à celle des souverains. Depuis Sargon II, la plupart des souverains ont laissé à leurs généraux le soin de conduire les campagnes militaires. Ceux-ci

avaient, en outre, la responsabilité de la garde aux frontières et se trouvaient déchargés à cette fin, de toutes fonctions administratives. Elles furent confiées aux gouverneurs de provinces soumis à leur autorité, mais conservant néanmoins des attributions importantes, même militaires. Si le pouvoir royal ne s'effrite pas, c'est à cause du contrôle qu'exercent les bureaux créés par Sargon II. Ce roi est le dernier des grands souverains réformateurs. Il a complété l'œuvre de Tiglathphalazar en dissociant l'initiative gouvernementale de l'administration quotidienne. Celle-ci est assurée par les bureaux que dirige le prince héritier. Le roi ne veille donc plus à la marche des affaires. Il a son domaine réservé, qui est celui des grandes options politiques ; il devient un personnage inaccessible, prisonnier d'une cour où sévissent les intrigues et les complots. Par une lente évolution, tout le chemin a été parcouru, qui mène du chef de bourgade au potentat à prétentions universelles. Désormais la voie est tracée : même si l'Assyrie croule vingt ans après la mort de son monarque le plus prestigieux, le monde civilisé ne peut obéir qu'à un seul seigneur.

C'est ce travail d'uniformisation qui est l'œuvre la plus durable, et parfaitement involontaire, de l'Empire assyrien. Deux faits ont eu à cet égard une influence décisive ; les invasions araméennes et le rayonnement spirituel de la Babylonie. Le déferlement des nomades et les déportations systématiques pratiquées par les Sargonides ont provoqué un brassage de populations. En fait, les populations de Mésopotamie sont fortement aramaïsées et, en Babylonie, ce sont des souverains d'origine araméenne qui donnent le signal de la révolte. De ce fait, l'araméen tend à supplanter l'assyrien et le babylonien dont l'usage se restreint aux actes officiels de chancellerie et de culte. Mais ce culte lui-même est profondément modifié. Depuis le IXe siècle, l'influence babylonienne a pénétré en Assyrie et dans tous les territoires occupés par ses armées. Les dieux de l'Empire sont ceux de Babylone et le goût des Chaldéens pour l'astrolâtrie et l'astrologie se fait sentir dans tous les milieux cultivés. On pourrait presque dire que l'empire des Sargonides est devenu paradoxalement, par réaction contre les invasions araméennes, un Etat araméen pénétré de culture babylonienne.

7. **L'échec.** — Ce travail d'unification fut l'œuvre des armes assyriennes, et pourtant, sur le plan de l'efficacité politique, leur résultat fut nul. La fin du règne d'Assurbanipal paraît trouble. Les Cimmériens sont arrêtés à grand-peine en Cilicie ; les Mèdes sont aux portes de l'Assyrie. Peu après la mort du grand roi vers 629, la catastrophe se produit : les Scythes traversent l'Urartu qui disparaît définitivement, ravagent l'Assyrie, les pays de l'Euphrate et ne s'arrêtent qu'aux portes de l'Egypte, devant l'or de Psammétique. En 625, Cyaxare parvient à unifier tous les peuples d'Iran sous l'obédience mède, cependant que le roi du pays de la mer, Nabopolassar, se proclame roi de Babylone. Dès lors, les événements se précipitent. Malgré une résistance acharnée qui montre que les armées assyriennes conservèrent jusqu'au bout leur combativité, Ninive est prise par les Mèdes en 612. Leurs débris se regroupent autour de Harran, mais la ville tombe deux ans plus tard.

Ces défaites d'une armée longtemps invincible s'expliquent peut-être par la répartition des effectifs au sein des différents corps de troupes. D'après les indications fournies par les annales de Sargon II et de Sennacherib, il semble que le gros des forces assyriennes ait été composé d'archers. Il se pourrait donc que les combats contre les Cimmériens, les Scythes et les Mèdes aient revêtu la forme d'une lutte entre des unités de cavalerie et d'infanterie. Même pourvue d'armes de jet, l'infanterie assyrienne a dû se trouver débordée par les escadrons tourbillonnants des peuples cavaliers. L'Assyrie n'est pas morte d'épuisement ; elle a été abattue.

Il paraît difficile, cependant, d'expliquer une telle disparition par le seul jeu des invasions. Sans doute, la tête de l'Empire était-elle malade. La cour de Ninive était tiraillée en tous sens par les intrigues des princes, des femmes, du haut clergé. Les choix politiques, quand il y en eut, furent néfastes. Mais il faudrait porter aussi les recherches dans une autre direction. Il faudrait examiner de plus près l'organisation et l'évolution interne de l'Empire. Peut-être s'apercevrait-on alors que ce territoire immense restait géré comme une cité, qu'aux problèmes nouveaux créés par la formation territoriale d'un Etat, on avait répondu par une simple dilatation des structures traditionnelles. L'Empire des Sargonides, par ses procédés de gestion patriarcaux, pourrait n'être, en définitive, qu'un surgeon hypertrophié du monde néolithique.

**8. La fin du vieux monde oriental.** — Peut-on en dire autant des vainqueurs ? L'organisation du royaume mède est encore très mal connue. Dans l'empire néo-babylonien, les différences sont minimes. Elles portent beaucoup moins sur les structures administratives, qui semblent analogues à celles de l'empire assyrien, que sur la politique suivie par les souverains chaldéens. L'expansion militaire ne paraît pas au centre de leurs préoccupations. Si Nabuchodonozor fut aussi un conquérant, s'il continua à pratiquer le système des déportations massives, dont le peuple d'Israël fut la victime la plus illustre, on ne saurait dire que son empire fut assis sur la guerre. Il s'efforça de gérer son domaine en développant le commerce. Mais l'expérience fut tronquée. Nabuchodonozor meurt en 562, en laissant une succession difficile.

Le dernier souverain qui parvient à s'imposer, Nabonide, est une figure étrange. D'esprit profondément religieux, il s'efforça de remplacer le culte de Marduk par celui de Sin, ce qui lui valut l'hostilité du clergé et des milieux traditionalistes du pays. Ces classes conspirèrent avec les Perses dont la progression devenait une menace grandissante. Tout, cependant, ne s'explique pas par la trahison. Nabonide a régné vingt-trois ans, sans que des troubles majeurs aient divisé le pays. Il avait certainement des partisans. Mais face à Cyrus, qui venait de réunir sous son sceptre le monde oriental de l'Oxus à l'Egée et à la mer Rouge, la balance n'était pas égale. En 539, Babylone était prise d'assaut par surprise, et avec elle disparaissait le dernier des Etats traditionnels de la Mésopotamie. Mais si les cadres politiques disparurent, la civilisation babylonienne survécut pendant plusieurs siècles. Dans les bibliothèques des temples, les scribes continuèrent à collationner en écriture cunéiforme les œuvres de leurs prédécesseurs, et c'est souvent grâce à ces exemplaires tardifs, dont certains datent des Séleucides, voire des Arsacides, que nous connaissons la vie intellectuelle et religieuse de la Mésopotamie. Par un curieux retour des choses, l'histoire assyro-babylonienne se termine comme elle avait commencé, autour des temples.

## Chapitre III

# LES IDÉES

### I. — Caractères de la production écrite mésopotamienne

Œuvre de clercs, la littérature de la Mésopotamie ancienne révèle surtout les idées et les préoccupations de cette classe qui vit à l'ombre des palais et des temples, surtout des temples ; classe privilégiée, habituée aux rapports de subordination, sans que rien n'ait remis en cause le principe d'autorité. Au contraire, tout le développement de l'histoire marque un renforcement constant de l'autorité royale, au moins dans son principe. Car, s'il y eut des périodes d'anarchie, si la puissance des monarques fut souvent battue en brèche par les ambitions de la noblesse, l'idée royale ne fut guère contestée et sortit renforcée de ces compétitions pour la conquête du pouvoir. Si certaines villes ou certains grands domaines jouirent de franchises, elles furent octroyées par le souverain, garant de l'ordre public sanctionné par la loi.

C'est dans ce climat qu'ont vécu les scribes dont le travail visait essentiellement à assurer la marche des affaires et la continuité des institutions. Leur science, née de nécessités pratiques, est restée soumise à cet objectif. Quand donc nous cherchons à connaître les idées philosophiques, religieuses ou scientifiques des hommes de la Mésopotamie ancienne, nous devons les extraire de traités qui n'ont pas un caractère spéculatif. Présages, rituels, incantations, hymnes et prières, recueils sapientiaux ou répertoires lexicographiques, tous ces traités, parfois volumineux, ne procèdent que par allusions. Elles sont toutefois suffisamment nombreuses pour que nous puissions tenter une reconstitution satisfaisante.

Nous disposons, en outre, de récits mythiques, et c'est d'ordinaire à cette source d'information que puisent les ouvrages consacrés à l'étude des religions anciennes. Mais il faut remarquer que ces mythes ou fragments mythiques ne représentent qu'une part infime de la production écrite mésopotamienne et qu'ils nous livrent des traditions hétérogènes. Si l'un d'entre eux, le poème babylonien de la création, l'*enûma elish*, s'impose à notre attention par son ampleur et la qualité de sa composition, il ne représente qu'un courant de pensée, celui qui s'est développé en Babylonie à l'époque cassite et qui fut adopté en Assyrie à partir du VIIIe siècle. Consacré à la glorification du dieu national Marduk, remplacé par Assur en Assyrie, son succès tint à ce seul fait, mais rien ne prouve que le récit de la création dont il s'est fait l'écho ait été plus ancien ou plus largement répandu. Nous connaissons d'autres traditions relatives aux origines de l'univers qu'on a peut-être tort de considérer comme secondaires, sous prétexte que les théologiens de Babylone ne leur ont pas donné un développement comparable à celui de l'*enûma elish*. Il est vrai que certaines de ces traditions, comme celles qu'on trouve dans de courtes incantations destinées à conjurer le mal de dent ou l'ergot du blé, ressortent plus du folklore que de la réflexion théologique.

Mais elles nous montrent qu'il existait des conceptions diverses sur ce point fondamental, et nous aurions probablement tort de chercher à les harmoniser. En fait, ces narrations, insérées dans des incantations ou le rituel de certaines fêtes, n'avaient d'autre fonction que de justifier ces dernières, en les rattachant aux origines mêmes du monde ; elles n'avaient pas de valeur propre.

Le problème se complique encore du fait que de nombreuses traditions assyro-babyloniennes proviennent de l'héritage sumérien. Mais la plupart des œuvres sumériennes furent rédigées à l'époque des dynasties d'Isin et de Larsa, c'est-à-dire en un temps où le sumérien tendait à devenir une langue morte, alors que s'affirmait la prépondérance des idiomes sémitiques. C'est probablement pour sauver le patrimoine sumérien qu'on l'a mis par écrit. Or tous les milieux intellectuels babyloniens étaient pénétrés de culture sumérienne, la symbiose des deux civilisations était déjà opérée, de sorte qu'il est extrêmement difficile aujourd'hui de restituer à chacune d'elles son bien propre. Une tablette sumérienne de cette époque ne reflète pas nécessairement des croyances purement sumériennes. C'est pourtant ce que l'on a tendance à admettre spontanément, et il faut bien reconnaître qu'il est difficile d'agir différemment, ne serait-ce qu'à titre d'hypothèse de travail.

Ce départ entre les deux civilisations reste un des objectifs majeurs de l'Assyriologie actuelle, et il faudra sans doute de longues recherches avant de pouvoir se prononcer avec plus d'assurance. Une différence d'esprit se manifeste clairement dans les arts plastiques. Il suffit de comparer la stèle des vautours avec celle de Naram-Sin pour voir toute la distance entre Sumer et Akkad : elle est plus considérable que celle qui sépare un tympan roman d'un tympan gothique. On aimerait rencontrer de telles évidences dans les œuvres écrites. Certaines compositions sumériennes d'allure littéraire, comme les lamentations sur la chute d'Ur, accusent une tendance à la répétition plus forte que les œuvres akkadiennes où l'on pourrait le plus attendre ce procédé, telles que les hymnes et les prières. Il faudrait répertorier un grand nombre de particularités formelles et voir si ces différences de style trouvent leur répondant dans les idées. L'analyse est d'autant plus délicate que les Babyloniens semblent avoir repris à leur compte l'essentiel de la religion sumérienne.

C'est du moins ce que l'on admet communément en constatant l'antériorité de la civilisation urbaine de Sumer et l'adoption du sumérien comme langue liturgique par les Babyloniens. Mais il ne faut pas oublier que les Sumériens et les Sémites se trouvaient dès les origines en présence les uns des autres et qu'en réalité l'Histoire ne commence pas à Sumer. Les deux civilisations plongent leurs racines dans le néolithique. Il reste qu'un dieu aussi important qu'Enlil paraît bien d'origine sumérienne : il joue un rôle effacé en Assyrie avant le XVIII$^{e}$ siècle, alors qu'il est invoqué dans les inscriptions officielles des rois d'Akkad qui entrèrent plus vite en contact avec les cités sumériennes. Inversement, on trouve dans les listes sumériennes archaïques de Shuruppak mention du dieu El qui paraît d'origine sémitique, si l'on en juge par la diffusion de son culte dans les régions occidentales où l'influence sumérienne fut moins sensible. L'osmose dut commencer très tôt et elle fut probablement facilitée par le fait que les deux groupes de populations vénéraient des divinités de caractère très proche, parfois identique.

## II. — L'univers religieux

1. **Le divin.** — *Nature des dieux.* — Si l'on examine la nature des divinités vénérées par les peuples de langues sémitiques, on constate une très grande diversité (1). Ce sont tantôt des êtres animés d'une puissance surhumaine qui se manifestent dans les astres et des phénomènes naturels comme la foudre, la pluie ou le feu ; tantôt des lieux doués d'une vertu particulière émanant des cours d'eau, de rochers, de certains arbres ; tantôt encore des forces de génération et de fécondité ; parfois aussi de pures abstractions, telles que le Destin et la Justice ; ou enfin des incarnations de groupes ethniques et de villes. Or il semble qu'un grand nombre de ces figures divines aient été vénérées comme telles en Sumer et que les Sémites n'aient éprouvé aucune difficulté à les identifier aux leurs. C'est ainsi qu'ils reconnurent Shamash en Utu, Adad en Ishkur, Ishtar en Inanna. Mais, en dépit de cette similitude de fonctions, les caractères ne coïncidèrent pas entièrement. Les Sémites imprimèrent à ce panthéon sumérien un esprit nouveau.

*Originalité des religions sémitiques.* — Tel est le fait fondamental. L'originalité des religions sémitiques ne réside pas dans la nature de leur panthéon, mais dans leur évolution. Les dieux assyro-babyloniens, même d'origine sumérienne prirent un relief distant et souverain, inconnu de leurs homologues sumériens. A cette évolution vers la souveraineté, il est difficile de ne pas reconnaître l'influence des événements politiques, du mouvement qui emporte la royauté vers la domination universelle. Il ne

(1) Cf. O. Eissfeldt, *Kleine Schriften*, 1 (1962), 194-205, qui reproduit un article de 1929.

s'agirait naturellement pas d'une transposition pure et simple des institutions politiques dans les représentations religieuses ; mais les théologiens ont travaillé dans un climat sociologique qui devait fatalement imprégner leurs conceptions, probablement même à leur insu. Comme le roi, le dieu est maître absolu de la terre et des hommes. Mais plus et mieux que le roi, il sait voir et juger. D'où le sentiment de la faute qui peut naître en l'homme. La notion de responsabilité individuelle apparaît, qui semble étrangère à l'univers sumérien, et corrélativement celle de réparation. La faute, le plus souvent, est non pas morale, mais rituelle. Un germe n'en existe pas moins, qui lèvera dans les royautés israélites.

*Le polythéisme.* — Il est logique qu'une telle conception de la souveraineté n'ait pas été limitée aux seules relations entre les dieux et les hommes. Elle devait régir inévitablement le monde divin lui-même. On vit, de fait, les dieux des capitales d'Empire, Marduk en Babylonie, Assur en Assyrie, prendre la tête du panthéon. Les autres dieux leur furent subordonnés, mais ni Marduk, ni Assur ne les éliminèrent totalement. La réflexion théologique n'aboutit pas au monothéisme. Bien au contraire, le nombre des êtres divins ne fit que croître dans les recensions. Les exemplaires de la liste canonique, retrouvés dans la bibliothèque d'Assurbanipal à Ninive, devaient comprendre plus de 2 500 noms. Plusieurs facteurs expliquent cette prolifération.

Tout d'abord, au fur et à mesure que progressait l'unification territoriale, les scribes ont rassemblé tous les panthéons locaux dont ils avaient connaissance et ils les ont répartis en familles hiérarchisées. Ce classement, entrepris dès le temps des rois d'Ur, fut constamment poursuivi et perfectionné. On y inclut les épithètes sous lesquelles étaient vénérés les dieux, transformant ces qualificatifs en autant d'hypostases. D'autre part, des fonctions sociales furent attribuées aux divinités mineures qui devinrent ainsi des serviteurs des grands dieux, ou si l'on préfère, des fonctionnaires de leur cour. Certains de ces personnages furent des créations entièrement artificielles, inventées pour les nécessités de l'emploi. Enfin, plus rarement, des dieux étrangers furent admis dans le panthéon officiel.

*Problèmes du monothéisme.* — C'est donc un mouvement exactement inverse de celui d'une approche du monothéisme que révèlent les tentatives de systématisation théologique. On a voulu parfois en trouver une ébauche dans les qualificatifs de louange utilisés dans certains hymnes ou les assimilations faites entre telle figure divine marquante et les autres dieux, présentés comme des manifestations de sa personnalité. Mais, ni ces exemples, ni cette déclaration du roi Adad-nirari III : « Mets-ta confiance en Nabu ; ne te confie en aucun autre dieu », ne peuvent témoigner d'une conception monothéiste, même latente. Les dieux, en effet, ne sont pas niés au profit d'une personnalité absorbant en elle tout le divin ; ils lui sont simplement subordonnés. Ce qu'expriment ces déclarations, ce sont les tendances exclusives de la piété que satisfait difficilement une pluralité d'objets. Il est naturel que chaque sanctuaire de Mésopotamie ait honoré en priorité un dieu particulier : Enlil à Nippur, Ea à Eridu, Sîn à Ur et à Harran, Shamash à Sippar et à Larsa, etc. Mais il ne paraît pas qu'aucun théologien ait jamais songé à nier l'importance de dieux auxquels sa ville n'avait pas consacré un sanctuaire particulier. D'ailleurs, l'exemple le plus instructif à cet égard nous est fourni par le roi babylonien Nabonide qui poussa la dévotion envers le dieu lune Sîn jusqu'au fanatisme. Et pourtant, toutes les inscriptions de Nabonide témoignent de sa piété envers les dieux du panthéon traditionnel. Il ne niait pas leur existence au profit du seul Sîn ; il exaltait sa prééminence absolue.

Souveraineté, prééminence sur les dieux du ciel et de la terre, tels sont les caractères acquis par certains d'entre eux. La pensée religieuse de la Mésopotamie n'est jamais allée au-delà, et cette constatation nous montre comment pourrait se poser le problème historique de la naissance du monothéisme en Israël, ou du moins les hypothèses qu'il serait préférable d'éliminer. La croyance en un dieu unique n'est pas née d'une réflexion sur la cause première ou le pouvoir nécessairement restreint de dieux multiples. Les penseurs assyro-babyloniens n'ont jamais soulevé ces questions, et ceux d'Israël ne leur étaient pas supérieurs en capacité d'abstraction. Pas davantage ne faut-il supposer un report des attributs naturels et sociaux de nombreuses divinités sur une seule figure toute-puissante qui ne serait elle-même, qu'un reflet de l'homme abstrait (1). Ce transfert eut lieu en Mésopotamie, et il n'aboutit qu'à la prééminence momentanée du dieu choisi. L'origine de cette croyance serait plutôt à rechercher dans le refus d'un dieu particulier de se laisser intégrer dans un panthéon. En termes assyriologiques, la position de Iahweh serait comparable à celle qu'aurait occupée le dieu d'un sanctuaire mésopotamien, comme l'Enlil de Nippur par exemple, si le clergé de cette ville s'était refusé à tout commerce, à tout compromis avec ceux des autres villes et leurs dieux. Mais le syncré-

(1) Cf. H. Desroche, *Marxisme et religions*, Paris, 1962, 45-50, qui rassemble commodément les passages essentiels d'Engels.

tisme est un des traits essentiels des religions mésopotamiennes, et c'est par là qu'elles se distinguent fondamentalement de celle d'Israël, du moins dans ses manifestations prophétiques. Par la suite, au contraire, les pays bibliques subirent l'influence du courant qui portait tous les pays du Proche-Orient au renforcement du pouvoir royal, et il est visible que Iahweh y puisa, tout comme Assur ou Marduk, son caractère de souverain absolu. Au fond, d'un point de vue purement historique, ces figures divines ne se distinguent, ni probablement par leur origine qui pourrait être celle de divinités locales ou tribales, ni par leur évolution qui en fit des souverains tout-puissants, mais par le degré de conscience de leur individualité : l'affirmation de la présence de Iahweh est corrélative du rejet des autres dieux. Cette divergence d'attitude devait engendrer deux conceptions différentes de la nature de l'univers. Car, si l'idéologie s'orientait en Israël vers la transcendance de Iahweh par rapport au monde, en Mésopotamie, elle aboutissait à inclure les dieux dans le devenir du monde.

2. **La représentation du monde.** — Les traditions mésopotamiennes relatives à la création de l'univers sont multiples et il n'est pas possible de les harmoniser. C'est qu'en réalité nous disposons, non de traités cosmogoniques, mais de fragments mythiques, servant le plus souvent d'introduction à des récits d'une tout autre nature, ou insérés dans le rituel de certaines fêtes. Dans les deux cas, le but du rédacteur est visiblement de rattacher l'événement commémoré aux débuts de l'évolution, mais il n'aborde jamais le problème de l'origine absolue des êtres. Seul est pris en considération celui de leur devenir.

*Cosmogonies sumériennes.* — Un texte sumérien, qui met en scène les héros Gilgamesh et Enkidu, débute par l'évocation du temps où le ciel fut séparé de la terre. Un autre remonte à la « montagne du ciel et de la terre », c'est-à-dire apparemment au stade immédiatement antérieur. Comme les deux documents semblent se référer à la même tradition, il est peut-être légitime de combiner leurs informations et d'admettre que, pour les Sumériens, ou du moins certains milieux sumériens, le ciel et la terre formaient une montagne cosmique avant leur séparation. Mais les auteurs de ces récits ne se soucièrent pas de préciser s'il y eut un état antérieur à cette montagne, ni quel fut l'auteur de la scission. C'est un troisième mythe, consacré aux origines de la pioche, qui pourrait nous l'apprendre. Il révèle, en effet, incidemment que le dieu de l'atmosphère, Enlil, « projeta de séparer le ciel de la terre » ; et comme on voit, dans le premier récit, le dieu Enlil organiser la terre, il est possible que cette information supplémentaire appartienne au même fond traditionnel que les deux premières.

En revanche, on peut hésiter à tirer parti d'une indication fournie par une liste de dieux, dans laquelle la déesse Nammu est qualifiée de « mère qui a enfanté le ciel et la terre ». L'esprit qui préside à ces listes est, en effet, assez différent de celui qui anime les mythes et il peut refléter d'autres spéculations. En soi, l'inclusion de ce détail supplémentaire dans nos essais de reconstitutions n'offre pas de difficulté majeure. La déesse Nammu représente l'abîme d'eau douce sur lequel le monde était censé flotter. Dans ce cas, nous aurions la succession suivante : un abîme d'eau douce donnant naissance à la montagne du ciel et de la terre, partagée en ses deux éléments constitutifs par l'action du dieu de l'atmosphère qui était peut-être né de leur union. Mais s'agit-il d'une Physique ? Rien n'est moins sûr, et l'on peut être convaincu du contraire en examinant les cosmogonies assyro-babyloniennes, dont l'ampleur permet de mieux voir le processus d'élaboration mythique.

*Cosmogonies assyro-babyloniennes.* — Dans les cosmogonies les plus brèves, on retrouve le procédé et certains échos des cosmogonies sumériennes. L'une évoque la création du ciel par Anu ; une autre la séparation du ciel et de la terre ; une troisième, la mer primitive. Mais la plus importante de ces œuvres est le poème babylonien de la création intitulé, d'après ses premiers mots, *enûma elish*, « lorsque en haut ». On le récitait lors de la fête du Nouvel An pour actualiser l'action ordonnatrice du dieu Marduk qui avait instauré l'ordre du monde en triomphant des forces du chaos, incarnées par Tiamat et sa troupe de monstres. Des commentaires assyriens montrent que certains épisodes étaient mimés. Nous avons donc affaire non pas à un traité spéculatif sur les origines du monde, mais à une œuvre qui pouvait être incorporée dans une cérémonie religieuse. A la fin de l'année, lorsque le cycle temporel était épuisé, il fallait lui redonner vigueur en répétant le geste créateur de Marduk. Tout converge vers la personnalité du dieu, et cette orientation théocentrique nous éclaire sur la portée de la genèse par laquelle débute le poème.

Au début, nous dit-on, il n'y avait qu'un magma informe d'eau douce et d'eau salée, Mummu et Tiamat, d'où surgirent, au cours des âges, des couples divins : d'abord Lahmu et Lahamu, sur lesquels nous ne savons rien, puis Anshar et Kishar, dont les noms signifient « totalité du ciel » et « totalité de la terre ». Peut-être faudrait-il les traduire d'une manière plus vague par « totalité des éléments supérieurs » et « totalité des éléments inférieurs », car l'intention évolutive du morceau est évidente : Anshar et Kishar sont « plus développés » que leurs pères, mais Anu, le dieu du ciel, n'apparaît qu'à la génération suivante.

Les grandes lignes de cette évolution rappellent suffisamment les données sumériennes pour qu'on puisse y voir une des sources du poème. Il faut remarquer, toutefois, que cette genèse de l'*enûma elish* ne vise pas la création du ciel et de la terre ; elle aboutit à celle du héros : Anu engendre Nudimmud (1) qui est le père de Marduk. Ce n'est pas une genèse physique ; c'est une genèse divine. Cette constatation doit nous éclairer sur la portée des fragments sumériens que nous citions plus haut. L'auteur y rapportait probablement moins la formation du ciel et de la terre, que la naissance d'Anu et d'Enlil. Il établissait les antécédents de ses personnages en les rattachant aux origines absolues de l'univers.

L'*enûma elish* relate ensuite qu'une opposition irréductible éclata entre les dieux primitifs et les jeunes dieux, à tel point que Tiamat décida de supprimer sa descendance. Le complot et les préparatifs de la bataille sont longuement décrits sur trois tablettes, comportant environ 150 vers chacune, développement qui déséquilibrerait un simple récit cosmogonique, mais qui est au contraire essentiel à un drame religieux. L'œuvre, encore une fois, est écrite à la gloire de Marduk et sa lecture devait faire revivre la victoire qu'il remporta sur les forces du chaos. Les péripéties soulignant à la fois ses mérites et la gravité de l'enjeu avaient donc autant

(1) Autre nom d'Ea, le dieu des eaux et de la sagesse.

d'importance que le résultat. Le résultat est que Marduk défit Tiamat en combat singulier, la mit à mort et partagea son corps en deux. D'une moitié il fit le ciel, de l'autre, la terre. Quant aux dieux qui avaient embrassé le parti de Tiamat, il consentit à leur pardonner à condition que leur chef fût exécuté. C'est ainsi qu'Ea trancha les veines du coupable, Kingu, et « de son sang, créa l'humanité », qui fut chargée d'assurer le service divin. Après quoi les dieux reconnaissants célébrèrent la gloire de Marduk en proclamant ses cinquante noms, chargés de significations mystiques, et élevèrent en son honneur l'Esagil, le temple de Babylone.

Pour nous, le point saillant de cette histoire réside dans l'origine commune des dieux, de l'univers et de l'homme : les dieux sont issus du couple primitif Mummu — Tiamat ; c'est le corps de Tiamat qui sert à constituer l'univers ; et c'est avec le sang d'un dieu qu'est créé l'homme. Il n'est donc pas de démiurge extérieur au cosmos, ni par conséquent de distinction entre profane et sacré. Tout est sacré parce que les dieux eux-mêmes sont compris dans le devenir du monde.

*Caractères des mythes cosmogoniques.* — Il ne faudrait pas déduire de ce récit que le monde apparaissait « débordant de vie » aux Babyloniens ou qu'ils discernaient « une volonté et une personnalité dans chaque phénomène » (1). Les précautions de style, les nuances dans l'expression n'y changent rien : une telle conception se rapproche étrangement d'un animisme quelque peu suranné, et l'on eut beau jeu de montrer que les anciens savaient parfaitement discerner l'animé de l'inanimé. En fait, la

(1) Cf. Th. Jacobsen dans H. Frankfort, J. A. Wilson, Th. Jacobsen, *Before Philosophy, The Intellectual Adventure of Ancien Man, Pelican Books*, Londres, 1949, 143.

controverse, telle qu'elle s'est développée au cours de ces dernières années paraît mal fondée. Dans chaque civilisation il existe un registre des représentations religieuses, révélant les fondements des institutions et des êtres, qui peut être indépendant des explications du sens commun et de celles de la science.

Œuvre savante, l'*enûma elish* n'en est pas pour autant une œuvre de science. On y a inclus des fragments scientifiques, comme ceux qui décrivent les mouvements des planètes immuablement fixés par Marduk. Mais ils nous montrent précisément la part considérable d'observation que comportait la science babylonienne. Aucun fait d'observation ne pouvait suggérer la création du monde à partir du corps partagé d'un monstre. Si des faits d'observation avaient dicté la représentation du monde, il est probable que la formation de la terre eût été rapportée sous la forme que nous trouvons dans une incantation récitée pour la purification de l'Ezida, le temple de Nabu à Borsippa. On y lit que « Marduk tressa une claie à la surface des eaux. Il créa la poussière et la répandit sur la claie ». Le procédé utilisé par le dieu pourrait être inspiré par le spectacle des marais du Bas Euphrate où des enchevêtrements de roseaux, retenant la poussière amassée par les vents du désert, finissent par se muer en terre ferme. Or, cette création, loin de précéder la fondation de Babylone, d'Eridu et de leurs temples, leur fait suite. Ce n'est qu'un détail d'une composition où la naissance des villes saintes occupe la place centrale. De tels détails réalistes ou scientifiques existent parfois ; ils ne commandent pas la rédaction d'œuvres visant à fournir, non pas une explication rationnelle de l'univers, mais la justification de croyances ou de rites religieux.

3. **L'homme.** — Il ne faut pas s'étonner si la place réservée à l'homme dans cet univers théocentrique est modeste et si les traditions divergent quant à son mode de création. L'essentiel, d'un point de vue mythique, résidait dans sa fonction : il y a unanimité pour y voir le service des dieux. Sur le mode de création circulaient des récits divers : un texte fait état d'une filiation divine directe ; un autre rapporte que le sang d'un dieu immolé fut mêlé à de l'argile. Cette idée d'une immolation divine semble avoir été prédominante. On la retrouve dans la mise à mort de dieux *Lamga* d'un texte d'Assur, et dans celle de Kingu que rapporte l'*enûma elish*. Les circonstances dans lesquelles s'effectue ce sacrifice méritent d'être rappelées, car elles projettent quelque lumière sur la nature profonde de l'homme.

Kingu, en effet, était coupable ; il était le chef de l'armée de Tiamat et son exécution a valeur expiatoire : elle libère les dieux vaincus de la menace de mort qui planait sur eux. Mais en l'assumant à leur place, il transmet à l'homme, formé de son sang, la souillure divine. Car ce sont les dieux eux-mêmes qui ont introduit dans le monde le péché et la mort. L'homme n'est donc pas né dans un état d'innocence. Il porte en lui le poids d'une faute ; il perpétue par sa mort un châtiment dont il est irresponsable. Il est innocent de son impureté.

Gardons-nous de croire, cependant, que cette doctrine implacable ait représenté la conception babylonienne courante. Elle n'est pas explicitement formulée dans l'*enûma elish*, et on n'en trouve pas trace ailleurs. Nous exagérons peut-être la portée réelle de ces récits étiologiques, en déduisant avec notre logique occidentale toutes les implications d'une situation donnée. Les Babyloniens n'en tiraient peut-être pas des conséquences aussi extrêmes. Il est possible qu'ils aient vu dans l'histoire de Kingu une simple justification du mystère de la mort : l'homme meurt parce qu'il est formé du sang d'un dieu mis à mort. Mais, d'une façon générale, ils ne considéraient pas la nature humaine comme fondamentalement impure.

Il semble qu'à leurs yeux l'homme ait formé une unité. On ne discerne pas, en tout cas, de distinction nette entre un corps et une âme. Mais l'homme recevait à sa naissance un souffle, une *napishtu*. Quand les dieux la lui reprenaient, il descendait aux enfers où il menait une sorte d'existence larvaire. Sans être un lieu de supplice, « la terre sans retour » n'était qu'un royaume d'ombres dolentes. On s'en détournait avec horreur tout en assurant les offrandes funéraires indispensables. Sinon, l'être privé de subsistance, ou pis, de sépulture, venait tourmenter les vivants. De toute manière, les perspectives n'étaient guère consolantes. Etait-il possible de forcer le destin ? Fallait-il s'y soumettre aveuglément ? Des courants de pensée très divers sont nés de cette réflexion sur la condition humaine.

## III. — La réflexion morale

**1. Les quêtes d'immortalité.** — Les perspectives d'au-delà offertes à la nature humaine ne laissaient d'autre possibilité, à qui voulait atteindre la plénitude du bonheur, que la conquête d'une immortalité physique. Un homme, nous dit-on, Gilgamesh roi d'Uruk, tenta l'aventure. De l'œuvre qui nous la conte, on dit souvent qu'elle constitue l'épopée nationale babylonienne. Si sa nature épique peut être admise à la rigueur, on a contesté, non sans raison, son caractère national. Elle connut, certes, une grande diffusion, comme le montrent des traductions en langue hittite, et la découverte de fragments en Syrie et en Palestine. Mais rien ne prouve qu'elle jouit, en Babylonie et en Assyrie, d'une vogue comparable à celle que connurent les poèmes homériques en Grèce. Son rayonnement n'a peut-être pas dépassé les milieux lettrés de l'Ancien Orient. C'est déjà considérable, et on le comprend sans peine. La puissance dramatique de certaines scènes, la progression du thème rebondissant en épisodes imprévus et, tout au moins pour la version babylonienne ancienne, la nervosité du style, en font une des meilleures productions de la littérature orientale. L'auteur eut l'habileté de ne pas dévoiler immédiatement ses intentions, de ne faire prendre conscience que progressivement à son héros de ses aspirations véritables, en le laissant épuiser au préalable toutes les satisfactions de la puissance et de la gloire.

Gilgamesh, roi d'Uruk, était un homme jeune et brutal qui cherchait dans l'affirmation d'une force peu commune l'exaltation de sa personnalité. Il arrachait hommes et femmes à leurs foyers et en usait selon son bon plaisir. Les habitants, excédés de sa tyrannie, se plaignirent aux dieux, et la déesse Aruru suscita Enkidu, une sorte de sauvage hirsute qui vivait en compagnie des troupeaux de la steppe. C'est lui qui fit prendre conscience à Gilgamesh des limites de sa force : ils se heurtèrent en un combat singulier dans lequel Gilgamesh fut incapable de maîtriser son adversaire. Mais, loin d'exciter sa fureur, cet échec détourna son ambition vers d'autres entreprises. S'étant pris d'amitié pour Enkidu, Gilgamesh l'invita à conjuguer leurs efforts pour conquérir une gloire immortelle. Il voulait pénétrer dans la forêt des cèdres, propriété du dieu Wer, que gardait le géant Humbaba. La signification de cet épisode nous échappe en grande partie. Il est possible que les cèdres aient joué un rôle symbolique. Nous ne voyons plus aujourd'hui que l'extrême difficulté d'une entreprise qui nous est contée en termes dramatiques. Elle réussit néanmoins : Humbaba fut vaincu et eut la tête tranchée. En le voyant tout rayonnant de sa jeunesse triomphante, la déesse Ishtar s'éprit de Gilgamesh et lui proposa de devenir son époux. Mais il refusa en termes insultants, lui rappelant le sort tragique de ses nombreux amants. Furieuse, Ishtar résolut de se venger. Elle obtint de son père Anu l'envoi d'un taureau céleste pour dévaster la terre ; il eut le sort de Humbaba. Alors, Ishtar s'en prit directement aux deux héros et fit tomber sur Enkidu une maladie mortelle.

Pour la première fois, Gilgamesh sentit la vanité de son existence. Force, puissance, gloire, il avait tout, et ce n'était que mirages. Devant le cadavre de son ami, il se sentit traqué par la mort. Fou de douleur et d'effroi, il s'enfuit ; il s'élança à travers des contrées inconnues, vers les extrémités de la terre où vivait Utanapishtim, le seul homme qui ait reçu des dieux le don d'immortalité. Il échappa aux hommes-scorpions, traversa les ténèbres du mont Mashu, réussit à passer les eaux de mort et parvint, épuisé, près d'Utanapishtim : « Dis-moi, lui dit-il, comment tu as trouvé la vie éternelle. » Utanapishtim lui raconta l'histoire du déluge. Grâce à la complicité d'Ea, il avait pu échapper à la fureur d'Enlil, et celui-ci avait consenti à le recevoir au nombre des immortels. Son cas était une exception. Cependant, Utanapishtim lui conseilla de tenter, à titre d'expérience, de ne pas dormir pendant six jours et sept nuits. A peine avait-il fini de parler, que Gilgamesh, à bout de forces, s'endormit. Il ne lui restait plus, à son réveil, qu'à reprendre tristement le chemin de sa patrie, lorsque la femme d'Utanapishtim conseilla à son mari de révéler à leur hôte l'existence, au fond de la mer, d'une plante rajeunissante. Gilgamesh plongea aussitôt et parvint à cueillir le précieux talisman. Mais sur le chemin du retour, tandis qu'il se baignait, un serpent survint qui le priva du fruit de tant d'efforts. Les derniers mots (authentiques) du poème, exaltant ses réalisations purement humaines, sonnent comme un rappel de la sagesse désabusée répandue dans l'exorde.

Un autre roi des dynasties archaïques de Sumer, Etana le pasteur, était le héros d'une histoire dont l'enseignement, en partie du moins, rejoint celui de Gilgamesh. Un aigle et un serpent vivaient en bonne intelligence et se partageaient le produit de leur chasse. Un jour, cependant, l'aigle céda à la tentation de dévorer les petits du serpent. Celui-ci se plaignit au dieu Shamash qui lui suggéra un stratagème pour se venger. Le serpent se dissimula dans une carcasse de buffle et, quand l'aigle s'abattit sur elle, le serpent le saisit et lui brisa les ailes. Etana recueillit l'aigle, le soigna et ce dernier lui offrit par reconnaissance de le conduire aux cieux. L'ascension se poursuivit favorablement jusqu'au ciel d'Anu, mais alors Etana fut pris de vertige et ce fut la chute.

Un troisième récit met en scène Adapa, qui est un des sept sages. Il pêchait en mer, lorsque le vent du Sud renversa sa barque. Furieux, Adapa lui brisa les ailes. Etonné de ne plus voir le vent du Sud, Anu convoque le coupable à son tribunal. Ea lui conseille de ne pas accepter « le pain de mort » et « les eaux de mort » qu'on ne manquera pas de lui offrir. Mais, contrairement aux prévisions, Anu, satisfait des réponses de l'accusé, lui offre du « pain de vie » et des « eaux de vie ». Adapa respecte les instructions d'Ea et perd ainsi l'occasion d'accéder à l'immortalité.

Les assyriologues ont pris l'habitude de considérer ces deux œuvres comme des mythes, mais il faut bien reconnaître qu'il est difficile d'en déceler la signification véritable. Ce pourrait être aussi bien des contes moralisateurs. Il est un point, en tout cas, qu'elles ont en commun avec l'épopée de Gilgamesh, c'est leur conclusion : il est impossible à l'homme, fut-il un demi-dieu, un roi ou un sage, d'accéder au royaume des immortels. A toutes, on pourrait mettre en exergue ces paroles que la nymphe Siduri adressait à Gilgamesh :

*Lorsque les dieux créèrent l'humanité,*
*Ils lui donnèrent la mort en partage,*
*Et ils conservèrent la vie entre leurs mains.*

Elle en tirait la leçon d'un *carpe diem* mesuré, qui n'est pas exprimé dans les deux autres récits. Mais c'en est l'enseignement implicite. L'homme ne peut transcender sa condition. Il n'a qu'à jouir plaisiblement des biens de ce monde. Telle est sa destinée.

**2. Les recueils de Sagesse.** — Naturellement cette destinée ne faisait que traduire la volonté divine. Mais il y a bien des manières de suivre sa destinée et donc de respecter la volonté divine, surtout lorsqu'on est un grand de ce monde. Sur ce point, les moralistes sont formels : le roi doit être un protecteur et un guide ou, pour reprendre les termes du code de Hammurapi, il doit « se lever comme le Soleil sur le peuple des têtes noires et donner ainsi la lumière au pays ». Nous possédons, par exemple, un recueil d'avis rédigé sous forme d'oracles, énumérant les manquements éventuels d'un prince et les sanctions qui en découlent. Les abus dans l'exercice de la justice, les corvées imposées au peuple, voire les détournements de céréales au profit des écuries royales, entraînaient, de la part des dieux, les représailles les plus graves. Le roi pouvait y perdre la vie, son royaume ou ses biens.

Il va de soi que les fonctionnaires étaient astreints aux mêmes devoirs. Non seulement une partie de ces oracles les concernent, mais une série de préceptes et d'admonitions semblent écrits plus particulièrement à leur intention. La morale qui s'en dégage est purement utilitaire : pas de fréquentations ou de paroles inconsidérées qui pourraient nuire à la bonne réputation ; fuir les querelles, même celles d'autrui, car de simple spectateur, on peut être transformé en témoin, puis en partie, et il n'y a rien de plus dangereux que les procès ; pas de mariage avec des esclaves ou des prostituées qui n'apportent que ruine et déception ; le service d'un prince requiert honnêteté et discrétion. Tous ces préceptes ne sont que des conseils pratiques pour réussir dans la vie. Et l'auteur est à peine plus désintéressé quand il recommande d'aider les malheureux dans le besoin : Shamash, dieu de la justice, le lui rendra. La crainte des dieux est le secret de la sagesse. Qui les honore obtiendra sa récompense, car « le respect engendre la faveur, le sacrifice prolonge la vie et la prière efface les fautes ».

Sous une forme peut-être moins riche d'arrière-pensées, mais souvent plus ironique, on retrouve les mêmes idées dans les collections de proverbes. Elles sont plus instructives que ne le laisserait croire le seul mot de proverbe, car les scribes réunissaient dans les mêmes recueils, non seulement des adages, mais des préceptes, des maximes, des épigrammes, parfois même de courtes fables et des anecdotes.

Beaucoup sont rédigés en sumérien et, malgré leur date de rédaction relativement tardive, il est probable que nous touchons là à un fond très ancien. Et ce qui transparaît, c'est un sentiment très vif de la relativité des choses, joint à un certain désabusement inspiré par la précarité des conditions. Le menu peuple ignore les distinctions juridiques établies par la loi entre les classes sociales. Pour lui, il n'y a que deux catégories : les riches et les pauvres. Il sait qu'il ne peut se fier aux fonctionnaires de l'administration ; il en appelle directement au roi en qui il garde confiance. Car « le roi, comme Shamash, aime la justice et déteste le mal ». Mais, en dernier ressort, c'est le dieu qui se révèle le soutien véritable : « Ce n'est pas la richesse qui est ton appui ; c'est ton dieu. » « Grand ou petit, c'est ton dieu qui est ton appui. » La sagesse populaire rejoignait l'enseignement des moralistes, des poètes, des théologiens et des juristes. Pour tous, l'homme n'avait qu'à respecter l'ordre et la justice établis par les dieux qui lui garantissaient leur faveur en retour.

3. **Le problème du mal.** — Pourtant, de-ci de-là, perce une inquiétude. Car « la volonté d'un dieu est incompréhensible ; ses voies sont inconnaissables ». Trop souvent le monde offre le spectacle du juste en détresse et du scélérat triomphant. Le scandale était trop profond et trop général pour qu'on pût l'ignorer. Il a, de fait, attiré très tôt l'attention des moralistes. On en trouve les premiers témoignages dès l'époque de la IIIe dynastie d'Ur. Malheureusement l'interprétation du texte où se trouve abordé le problème est délicate, et l'on ne sait finalement quelle était la réponse apportée. Le thème fut repris au temps de la Ire dynastie babylonienne, mais ce sont trois textes de rédaction postérieure, qui per-

mettent le mieux de voir vers quelles solutions s'orientaient les esprits.

Dans le premier, la confiance en la miséricorde divine ne se dément pas. Un noble, apparemment abandonné de ses dieux, subit les effets de la disgrâce royale ; les courtisans en profitent, accentuant encore son accablement, que porte à son comble l'hostilité de sa propre famille. Le malheureux s'interroge, mais ne trouve rien de répréhensible dans sa conduite. Certes, les voies des dieux sont insondables, mais celles des hommes sont tout aussi capricieuses. Pourquoi incriminer les premiers plutôt que les seconds ? Malgré les maladies qui fondent alors sur lui, il maintient sa confiance en Marduk qui se décide enfin à mettre un terme à ses maux. Et c'est la résurrection. Ici les impératifs de la morale traditionnelle sont intégralement maintenus. Si l'intelligence humaine ne peut pas toujours appréhender les décisions des dieux, ceux-ci viennent en aide à qui leur fait confiance. C'est en gros la réponse fournie par les adjonctions en prose du livre de Job.

Le prototype du poème lui-même se retrouve sous une forme moins profonde, sinon moins audacieuse, dans la « théodicée » babylonienne. Un cadet de famille, que la mort prématurée de ses parents a laissé sans protection, demande à l'un de ses amis comment les dieux tolèrent pareille injustice. L'ami répond que la piété est toujours récompensée, ce à quoi l'orphelin rétorque qu'il n'a cessé d'observer ses devoirs religieux. Serait-ce là le salaire de sa piété ? L'ami crie au blasphème, se contentant de réaffirmer ses convictions, avec pour seul résultat d'acculer le malheureux à une révolte ouverte. Finalement l'ami est obligé d'admettre que les puissants s'arrangent toujours pour écraser les faibles. Mais, afin de sauvegarder en tout état de cause l'initiative divine, il en déduit que ce sont les dieux eux-mêmes qui ont inscrit l'injustice dans la nature humaine. Il invite néanmoins son compagnon, victime de la destinée, à implorer leur secours. Le vœu final n'est pas nécessairement de pure rhétorique, car la possibilité d'une intervention divine n'a jamais été contestée. Toutefois, en voulant défendre les prérogatives d'une interprétation rationnelle, l'auteur s'est vu contraint de faire une entorse à la morale traditionnelle. Elle est peut-être moins grave qu'il ne paraît si l'on songe que sa conclusion est conforme à l'enseignement de l'*enûma elish* : les dieux sont, en effet, directement responsables du mal qui règne dans le monde. Mais il substitue l'arbitraire à la bonté.

Les conséquences en sont tirées apparemment dans un autre dialogue où l'on pourrait croire que l'auteur s'abandonne au scepticisme absolu, si l'on ne se souvenait que la prudence s'impose dans l'interprétation de toute œuvre ancienne. Farce ? Dialogue philosophique ? Peut-être tout cela à la fois. Un maître expose ses projets à son serviteur, lequel l'approuve en invoquant régulièrement des raisons pertinentes. Le piquant de l'affaire est que ces projets sont contradictoires et qu'il ne subsiste finalement plus aucun motif d'action. La morale, l'importance des dieux, sont passées au crible d'une ironie impitoyable, et le maître songe à tuer son valet, lorsque celui-ci lui fait remarquer qu'il ne saurait lui survivre plus de trois jours. Le dialogue tourne court sur cette dernière pirouette. En fait, l'auteur avait ruiné jusqu'à la valeur de l'argumentation logique, mais l'avait-il voulu et en avait-il même conscience ? C'est des plus incertains. En tout cas, il ne semble pas que cette œuvre ait ébranlé en quoi que ce soit les conceptions des milieux intellectuels qui purent en avoir connaissance. Elle eut sa place dans les bibliothèques à côté des traités sapientiaux et des recueils de préceptes dont elle prenait le contre-pied. Mais le problème a une portée plus vaste. Etait-il possible à un esprit, même vigoureux, de remettre en cause les fondements de la morale et de la religion ? Plus radicalement encore, disposait-on de moyens d'investigation rationnels clairement définis ? Les méthodes en usage dans les disciplines scientifiques apportent la preuve du contraire.

## IV. — Les sciences

1. **Les mathématiques.** — Les mathématiques connurent en Babylonie un développement considérable, qui ne fut égalé que bien plus tard en Grèce. Mais alors que les Grecs s'intéressèrent principalement à la géométrie, les Babyloniens furent surtout des algébristes. Les œuvres qui nous sont parvenues peuvent se répartir essentiellement en deux catégories : d'une part, des tables numériques, et d'autre part, des recueils de problèmes. Les tables numériques, utilisant un système de numération positionnelle, à base sexagésimale, fournissent les résultats de multiplications et de divisions, de carrés et de racines carrées, de cubes et de racines cubiques. Certaines séries concernent des relations exponentielles ou logarithmiques. Quant aux problèmes, ils nous montrent que l'on savait résoudre les équations du second degré, utiliser la somme et le produit de leurs racines, introduire au besoin une inconnue auxiliaire pour simplifier les calculs. C'est toujours par une solution algébrique que sont résolus les problèmes de géométrie. Les Babyloniens ont été avant tout des calculateurs.

**2. Le raisonnement logique.** — Cependant, plus que le niveau de leur science, c'est la méthode utilisée qui doit retenir l'attention. Les tablettes comportent, en général, plusieurs séries de problèmes relevant d'un même type et ne différant entre eux que par leurs données numériques. Chacun de ces problèmes comporte, après l'énoncé, l'indication des calculs à effectuer et le résultat. Mais on ne trouve jamais la formule mathématique qui aurait permis d'éviter la répétition des calculs d'un même type. Cette formule était nécessairement connue, puisque le résultat obtenu est exact et qu'il est impossible de l'imputer à des tâtonnements empiriques : on ne résout pas empiriquement une équation du second degré, si l'on en ignore la formule ! Celle-ci n'est jamais explicitement indiquée, et l'on a pu écrire très justement qu'elle était seulement pensée à titre de schème opératoire. D'où la multiplication des cas d'espèces. A défaut d'une formule régulièrement applicable, le grand nombre d'exemples visait à épuiser les virtualités d'un raisonnement. Sans doute, pourrait-on supposer que l'enseignement oral suppléait aux insuffisances du texte, et que le professeur multipliait les exemples par souci d'efficacité pédagogique. Les démarches intellectuelles similaires que l'on retrouve dans d'autres disciplines montrent qu'il n'en est rien.

C'est le cas notamment dans un domaine complètement différent, tel que le Droit. Les juristes babyloniens n'ont pas rédigé de traités comportant l'énoncé de principes généraux dont ils auraient tiré des conséquences, applicables dans les différents secteurs de la vie sociale. Ils partent de faits concrets dont ils font varier les modalités en suivant parfois de simples associations d'idées. Ils énumèrent, par exemple, un grand nombre de circonstances pouvant accompagner un vol, mais nulle part on ne trouve de définition du vol. Le principe qui le punit existe, puisque le voleur est condamné, mais on l'applique spontanément sans en fournir une définition explicite ; c'est l'énumération des cas d'espèces qui en tient lieu. On cherche ainsi à en couvrir tout le champ d'application, en épuisant les possibilités, au besoin jusqu'à l'absurde.

Là encore on peut se demander si les principes du Droit ne faisaient pas l'objet d'un enseignement oral. Mais c'est un alibi trop commode. L'enseignement oral pouvait être réservé à certaines doctrines ésotériques. Et encore n'était-ce pas toujours le cas : on possède des textes de contenu ésotérique dont il est spécifié qu'il ne doit pas être révélé au non-initié. Si la formule mathématique pouvait à la rigueur passer pour un secret qu'il importait de garder jalousement, il n'en va plus de même pour les principes juridiques. Quel besoin aurait-on éprouvé de ne pas consigner par écrit le principe condamnant le vol, alors qu'on le réprimait publiquement et que la morale générale le réprouvait ? En réalité, la méthode adoptée par le législateur révèle un autre état d'esprit. Elle témoigne d'une impuissance à dégager les principes abstraits. Faute d'y parvenir, il ne restait plus qu'à dévider l'écheveau des cas particuliers. C'est la même attitude fondamentale qui se fait jour dans le Droit comme dans les mathématiques, et dont on trouve la pleine manifestation dans des sciences d'observation comme la médecine.

3. **La médecine.** — Les Babyloniens répartissaient les troubles physiologiques en deux grandes catégories : les uns trahissaient des influences malignes d'origine surnaturelle et relevaient de l'exor-

ciste ; les autres étaient des affections naturelles qui nécessitaient les secours du médecin. Médecine et magie étaient donc distinctes ; encore qu'il y ait eu souvent contamination de l'une par l'autre. C'est ainsi que la première partie du grand traité akkadien de diagnostics et de pronostics médicaux s'intitule : « Lorsque l'exorciste se rend à la maison d'un malade. » Elle n'en constitue, il est vrai, qu'un préambule fournissant l'interprétation des présages que l'exorciste ou toute autre personne pouvait observer en pareille circonstance. Peut-être est-ce une adjonction postérieure, tout comme certains chapitres de la quatrième partie, consacrée à des transformations de maladies sous une influence maligne. Il faut remarquer, toutefois, que le début de cette quatrième partie et la moitié de la troisième énumèrent des maladies qui ont toutes pratiquement une origine surnaturelle. Le traité, sous sa forme définitive, est une somme mise à la disposition aussi bien de l'exorciste que du médecin. Ce qui distinguait leurs sciences, c'étaient essentiellement les procédés thérapeutiques, l'exorciste procédant surtout par incantations magiques, et le médecin, par des traitements physico-chimiques, le plus souvent à base de simples. Dans les deux cas, la formulation d'un diagnostic et d'un pronostic dépendait d'une observation attentive et nous retrouvons ici encore les procédés d'énumération.

La deuxième partie du traité, par exemple, est consacrée à l'examen des différentes parties du corps qui sont soigneusement passées en revue de la tête aux pieds. Mais l'auteur veut être complet ; il dissocie les organes doubles, considérant successivement la droite puis la gauche, avant de les examiner conjointement et, si un organe est unique, il distingue la partie droite de la partie gauche ; il énumère leurs couleurs dans un ordre stéréotypé qui se veut exhaustif : rouge, jaune, noir, machuré, sombre. Bref, nous retrouvons les procédés visant à couvrir tout le champ d'observation, faute de pouvoir procéder à une analyse véritable.

En fait, ce qui est visé, c'est moins la maladie elle-même que son issue. C'est pourquoi le diagnostic est le plus souvent négligé, cependant que le médecin met l'accent sur les symptômes ou les syndromes dont il cherche à tirer immédiatement un pronostic. Et comme cette exploration en quelque sorte spatiale ne paraît pas suffisante, il procède à l'examen des différentes phases de la maladie, notant sa durée, ses jours et ses heures critiques, dont il continue à tirer immédiatement des pronostics. Après quoi, les symptômes sont groupés d'après leur nature : nausées, vomissements, flux, etc. En somme, le médecin varie l'approche du phénomène central, la maladie, en l'examinant sous divers angles, mais sans aborder de front son étude. Le seul passage où des maladies pourraient être traitées pour elles-mêmes se trouve à la fin de la troisième partie ; mais il s'agit d'affections d'origine surnaturelle qui présentent chacune des symptomatologies trop diverses pour qu'on puisse les rattacher à des maladies définies. En fait, le lien logique sous-jacent ne réside pas dans ces symptômes ; il se trouve dans la manifestation d'un dieu ou d'un démon, quelle que soit la manière dont il frappe le malade. Ce n'est qu'un cas particulier de la même méthode procédant par énumérations détaillées à l'intérieur de grandes articulations déterminées par des critères formels. Elle s'apparente, dans une large mesure, à celle des recueils de présages.

4. **La divination.** — Les techniques divinatoires, malgré leur très grande diversité, présentent un

certain nombre de caractères communs. Le devin, en effet, cherche à déceler des signes prémonitoires en observant des phénomènes naturels ou artificiellement provoqués. La matière augurale est donc pratiquement illimitée. On a tiré des présages de l'aspect des nouveau-nés, du comportement des êtres vivants, des songes, de particularités géographiques, des astres, du mouvement de gouttes d'huile versées sur de l'eau, du foie et des entrailles de victimes offertes en sacrifice. Mais, quel que fût le mode d'investigation adopté, une consultation oraculaire nécessitait une observation minutieuse. C'est que des signes divers, voire contradictoires, pouvaient apparaître en même temps et infléchir la portée de la réponse. On le voit tout particulièrement en hépatoscopie où l'officiant examine successivement les lobes droit et gauche du foie, le processus pyramidal et la vésicule biliaire. Ces régions étaient à leur tour subdivisées en zones plus petites, toutes chargées d'une signification particulière, comme nous le montrent des maquettes de foie en argile, destinées à l'instruction des devins. Ceux-ci devaient tenir compte de tous les signes apparents et additionner leurs valeurs positives et négatives, en soupesant leur importance, pour pouvoir se prononcer. Les règles de cette herméneutique ne sont pas connues dans le détail, bien que l'examen des innombrables cas d'espèces permettent de tirer quelques conclusions.

Il ne fait pas de doute que les devins ont suivi fréquemment des principes arbitraires : la droite représente ce qui est « mien » ; la gauche est la partie de l'ennemi. Si un signe bon en soi se présente à droite, il est faste. S'il se présente à gauche, il est néfaste (parce que faste pour l'ennemi). Tout signe positif peut être inversé par la présence concomitante d'un signe négatif ; inversement la présence de deux signes négatifs contradictoires peut être positive. D'autre part, la valeur positive ou négative d'un signe semble régie, en mainte occasion, par un symbolisme affectif, une image attractive étant revêtue d'un coefficient positif, et inversement. C'est ainsi que rêver des enfers — image répulsive — est un présage négatif ; mais si, tout en rêvant aux enfers, le sujet voit les morts le maudire — négation d'un signe négatif — le songe devient faste. Si, au contraire, les morts le bénissent — confirmation d'un signe négatif — le songe est néfaste. En revanche, certaines précisions paraissent inexplicables : on ne comprend pas pourquoi un homme, qui voit un mort le bénir en rêve, devrait mourir de l'effondrement d'un mur. Il est probable en ce cas, comme en beaucoup d'autres similaires, que le présage se réfère à un événement particulier transformé en loi générale.

Le processus de généralisation apparaît dans les présages historiques. Les devins, en effet, notaient les signes qui avaient accompagné certains événements. On a même retrouvé des maquettes de foie en argile montrant les formes présentées par cet organe en telle ou telle circonstance précise. Si le signe apparaissait à nouveau, il devenait l'annonce d'un événement analogue qui prenait, de ce fait, une sorte de valeur algébrique indéfiniment transposable. L'effondrement de la III$^{e}$ dynastie d'Ur préfigurait toute chute d'Empire. En fait, cependant, l'interprétation n'était pas aussi aisée. La complexité des événements historiques, les alternances de succès et de revers que pouvait avoir subies un même personnage interdisaient l'utilisation univoque de son nom. Ibbi-Sin n'était pas nécessairement un symbole défavorable. Un événement pouvait donc donner naissance à des signes contradictoires dont il fallait apprécier la valeur qualitative ; la référence au fait historique n'en est pas moins nette. C'est ce recours à l'observation directe qui peut expliquer la plupart des présages ordinaires dont la précision capricieuse déconcerte : les devins avaient établi un rapport de cause à effet entre deux événements pour nous fortuits.

Cette même capacité d'attention rend compte des différences entre la divination sous toutes ses formes et la médecine. Le médecin avait aussi tendance à fonder son diagnostic sur des principes théoriques, mais il devait souvent y renoncer devant l'évidence des faits. En observant soigneusement les syndromes d'une maladie, il pouvait constater que l'évolution du mal suivait un cours dans lequel intervenaient fort peu les facteurs « droite » et « gauche ». Et il arrive effectivement qu'ils soient négligés en certains cas. Mais la plupart des diagnostics isolés obéissent encore à des spéculations théoriques, ce qui prouve que le médecin ne s'était pas affranchi de la mentalité ominale.

## V. — Le climat intellectuel

C'est finalement toujours la même démarche que nous découvrons sous ces diverses activités intellectuelles. En face d'un univers dont les mécanismes ne pouvaient être directement appréhendés, la seule attitude concevable était d'observer minutieusement les phénomènes et de chercher à les classer, avant de pouvoir établir des relations entre eux. La médecine permettait d'ailleurs d'obtenir directement des résultats appréciables par cette méthode ; les mathématiques et l'astrologie montraient que les relations entre les termes d'une série pouvaient être calculés et il est compréhensible qu'on ait cherché à généraliser le procédé. Sans doute, est-il impossible aujourd'hui de reconstituer les étapes d'une réflexion dont nous ne percevons que les résultats globaux. Mais il est symptomatique de voir que même les techniques oraculaires gardent comme une empreinte algébrique. Les Babyloniens semblent avoir éprouvé la nostalgie des mathématiques et ils ont toujours cherché à décomposer la réalité phénoménale en séries distinctes. Un tel état d'esprit est nettement scientifique. Ce qui paradoxalement ne l'est plus, c'est le résultat. En étudiant systématiquement tous les phénomènes, suivant les mêmes procédés, on avait tendance à leur accorder une égale importance. Les Babyloniens en venaient, de ce fait, à considérer comme sciences, des disciplines qui en prenaient le contre-pied. Pour le voir, il aurait fallu dégager les principes directeurs de la recherche. Or il semble que les Babyloniens n'y parvinrent pas ou, plus exactement, qu'ils ne soupçonnèrent pas le problème. Ils remplacèrent la notion de loi par l'énumération des cas où elle trouvait son application et, même en mathématique, ils n'ont pas condensé leurs raisonnements en formules de portée générale.

Il est bien évident, dans ces conditions, qu'aucune critique des fondements de la morale et de la religion ne pouvait aboutir. Elle n'était même pas concevable, car il eût fallu au préalable prendre conscience de l'existence de ces fondements et les définir. L'inquiétude morale qu'éprouvèrent certains esprits ne pouvait prendre la forme d'une opposition entre les principes ancestraux et des exigences nouvelles. Ni les principes, ni les exigences ne furent formulés et la crise en resta à l'état larvaire, ne se manifestant que par une incompréhension résignée ou ironique de la volonté divine. Elle apparaissait souvent arbitraire ; elle était à l'image des dieux qui restaient immergés dans la Nature à la fois maternelle et brutale. Les dieux n'étaient pas transcendants au monde ; ils étaient inclus dans son devenir. Si les représentations sémitiques se distinguèrent de celles de Sumer, ce n'est pas sur ce point. C'est par une évolution vers un caractère de domination supra-humaine absolue. Et cette évolution fut le résultat, non pas d'une réflexion sur la nature des dieux, mais de la modification du climat intellectuel que créait l'apparition des monarchies centralisées. Pour permettre l'éclosion d'une réflexion critique, il eut fallu une transformation des rapports de subordination, une habitude de la discussion, c'est-à-dire, en définitive, une autre forme de civilisation. S'il est vrai que la Raison est fille de la *polis* (1), rien ne favorisait son essor dans les empires de Mésopotamie. Ce qu'on voit apparaître dans ces régions, c'est tout autre chose, et qui n'est pas moins considérable : le sentiment de la transcendance divine. Les esprits religieux de la Mésopotamie ne le concevaient que par rapport à l'homme ; d'autres penseurs devaient en tirer des conséquences qui avaient devant elles une longue carrière.

(1) Cf. J.-P. VERNANT, *Les origines de la pensée grecque*, Paris, Presses Universitaires de France, 1962.

## Chapitre IV

# PERSPECTIVES D'AVENIR

## I. — Genèse d'un monde

A lire les résultats obtenus par plus de cent ans de recherches dans le Proche-Orient, une image se présente à l'esprit, celle de la fourmilière éventrée : au va-et-vient superficiel, succède le grouillement intérieur. Elle n'est pas trompeuse. Des Assyriens, des Babyloniens, on ne connaissait que les traditions rapportées par la Bible et quelques auteurs grecs. Et voici que leur civilisation apparaît en pleine lumière ; à l'arrière-plan surgit Sumer ; en Asie Mineure, ce sont les Hittites, les Louvites, les Hattis ; dans les plaines s'infiltrent les Hurrites, divers peuples de nomades sémitiques, cependant que Guti, Elamites et Cassites dévalent des montagnes. On retrouve des villes énormes, des langues qui ne s'apparentent à aucun groupe connu et, par-delà les premiers documents écrits, des vestiges de civilisations dont nous ne connaîtrons jamais les noms véritables.

Cet afflux massif de populations s'explique par le fait que la Mésopotamie est un carrefour ouvert sur les trois continents, qui présente l'avantage — ou l'inconvénient — d'être d'une extrême richesse. Quand on y vient, on y reste. La seule difficulté est que tous les immigrants font le même calcul et cherchent à exploiter pour eux seuls les avantages de la situation. Ces volontés multiples d'enracinement provoquent des soubresauts. Paradoxalement, la tendance à l'immobilisme engendre le mouvement.

**1. Ébauches d'organisations politiques.** — Un monde en mouvement, telle est donc l'impression première et fondamentale. Mais ce mouvement ne se résume pas dans les poussées successives de peuples en quête de terres nouvelles. Il y eut des adaptations, des élaborations de formes sociales multiples qui proviennent, d'une part, de la discontinuité des courbes migratoires, et d'autre part, des conditions imposées par le milieu naturel lui-même. Le sol est riche, sans doute, mais à condition qu'on l'aménage, tout particulièrement dans cette basse Chaldée où la limite entre les terres et les eaux reste mouvante. De plus, on y passe vite d'un extrême à l'autre ; les terrains de culture péniblement conquis sur les marécages sont guettés par les déserts environnants. L'équilibre n'est atteint que par l'entretien constant d'un vaste système de canaux. Or la nature de ce travail exigeait, en raison de l'outillage rudimentaire des premiers défricheurs, la mobilisation de masses considérables de travailleurs. La fécondité du sol, génératrice d'une certaine aisance qui favorisait l'essor démographique, permit de remplir ces conditions. Il n'en allait pas de même dans le Nord mésopotamien où le régime des pluies garantissait en temps normal les moyens de subsistance suffisants. Dès les premières installations, le Sud et le Nord se sont opposés dans leurs formes d'organisation sociale. Il s'est posé très tôt, en Basse Mésopotamie, des problèmes de vie communautaire dense. C'est là que sont nées les premières villes, dirigées par des chefs disposant nécessairement de pouvoirs étendus pour coordonner les efforts de la production et tenter d'évincer les voisins gênants. Compétitions internes, luttes extérieures, le cadre des cités éclate et la dilatation commence.

Le mouvement une fois amorcé ne s'arrêtera plus. Sans doute, le centre de diffusion n'est-il pas toujours le même ; tantôt au nord, tantôt au sud, de l'est comme de l'ouest, des ondes se propagent, qui trouvent leurs limites dans la butée d'un effort similaire. Peu à peu, les vides se comblent ; un équilibre s'instaure, fait de ces poussées convergentes. Puis, c'est la fissure profonde. Un pan effondré en recouvre un autre ; le monde décidément n'appartiendra qu'à un seul maître. Il faut des terres et il faut les protéger contre les convoitises de l'étranger. L'Empire est une nécessité, et c'est une tradition. La tradition pèse.

Les forces d'inertie ne sont pas seules en cause. Une efficacité relative maintient les illusions. Malgré les innovations des rois d'Akkad, les souverains de l'époque hammurapienne, restent pour une large part les héritiers des cités sumériennes et des tribus nomades sémitiques. On ne saurait dire que l'administration ne remplit pas son rôle, un rôle à la mesure des transhumances de nomades et de conflits généralement limités. Mais que surgissent en rangs massifs des compétiteurs imprévus, et l'édifice croule. Il croule, non sans que se maintienne l'espoir tenace de restaurer l'ordre ancien. Quand les barbares restent maîtres du terrain, ils s'empressent d'adopter les institutions de leurs victimes parées du prestige de la civilisation. Et d'ailleurs est-il si facile d'innover ? Il faudrait avoir une claire vision des insuffisances. Or ce n'est pas à ce niveau que sont ressenties les amertumes de la défaite. Dans l'esprit des cercles dirigeants, elle reste liée à la fortune contraire des armes et à la volonté des dieux. On restaure donc l'ordre ancien suivant la ligne traditionnelle, ou on croit le restaurer, car finalement rien ne se répète jamais. Des formes nouvelles de gestion s'élaborent peu à peu pour répondre aux nécessités d'un territoire toujours plus étendu, formes perpétuellement inchoatives qui restent marquées du sceau originel de la cité néolithique. L'Empire ne s'en remettra pas.

2. **Tâtonnements intellectuels.** — L'histoire intellectuelle prolonge l'expérience sociale. Là encore, un monde s'élabore, qui ne parvient pas à son terme. Une rationalité se cherche, sans pouvoir définir les principes de son action. Les méthodes d'observation minutieuses, les possibilités offertes par la décomposition en séries nombrables, qui donnent des résultats tangibles en mathématique et en médecine, aboutissent à l'énorme impasse de la divination. Les lettrés s'obstinent : astrologie, hépatoscopie, physiognomonie, lécanomancie, oniromancie, toutes les formes possibles d'investigation de l'avenir absorbent l'essentiel des spéculations. C'est que la limite entre le contingent et le nécessaire reste floue ; le futur a autant de réalité que le présent ou le passé. Les événements se déroulent suivant l'ordre établi par les dieux.

Les dieux commandent tout. Depuis la lointaine Sumer, le sentiment de leur puissance n'a fait que croître. Leur grandeur les a rejetés dans un lointain inaccessible et, en même temps, leur présence n'a cessé de se faire toujours plus proche et efficace. Découverte de la transcendance ? Oui, mais relative ; les dieux restent immanents au monde, et ils ne fusionneront pas dans une personnalité suréminente. La conséquence ultime sera tirée ailleurs.

Ainsi, dans les deux directions pressenties par les penseurs mésopotamiens, la pensée tourne court : elle ne portera ses fruits qu'en Grèce et en Israël. Ebauche de rationalité, approche de l'intuition transcendante, tentatives d'organisation impériale, les trois termes sont corrélatifs, et ils définissent la genèse d'un monde.

## II. — La réponse de l'art

Devant les débris de son enquête, l'assyriologue pourrait éprouver un sentiment de frustration. Cet univers qu'il aime et qui l'attire ne lui offre pas la plénitude d'un ordre achevé. Il n'a pas où reposer sa tête. Trouverait-il dans l'art la source de son engouement ? La réponse évidemment dépend du tempérament de chacun. Certains peuvent se complaire aux formes élaborées par les artistes de l'Orient ancien. D'autres répondront que, si l'Egypte a incontestablement un art, il serait difficile de l'affirmer avec autant d'assurance de la Mésopotamie.

1. **La sculpture.** — On y trouve quelques réussites occasionnelles : la dame d'Uruk, certaines statues de Gudea, des bas-reliefs assyriens. Ces exemples, qui reviennent spontanément à la mémoire, sont déjà révélateurs. Il a dû exister une statuaire sumérienne de valeur. Ce qui en subsiste l'emporte sur les productions des peuples sémitiques. Parmi ceux-ci, contrairement à ce qu'on constate en littérature, les Assyriens s'affirment supérieurs aux Babyloniens. Mais cette sculpture assyrienne relève pour l'essentiel des arts décoratifs. Les bas-reliefs tirent leur effet beaucoup plus de leur juxtaposition que de la qualité intrinsèque des motifs. Ils font partie d'un ensemble architectural dans lequel ils jouent

le rôle de tapisseries. Sans doute y a-t-il de notables exceptions : la statue du roi *Assurnazirpal II*, aujourd'hui au British Museum, est saisissante de majesté implacable. On ne ressent plus l'absence du décor ; seul subsiste le rayonnement de l'objet. De telles réussites sont rares. Dans l'ensemble, bas-reliefs et statues ne font que diversifier la nudité d'un mur ; ils l'agrémentent.

2. **Les arts appliqués.** — Ce trait est symptomatique d'une tendance profonde. Il suffit, pour s'en convaincre, de considérer les arts appliqués : la céramique, la glyptique, le mobilier. On constate alors que les artistes orientaux ont fait preuve d'une réelle originalité qui trouve rarement son équivalent dans d'autres civilisations. Elle s'affirme dès la préhistoire avec la céramique de Samarra, de Tell Halaf et de Suse. La glyptique atteint sa maturité à l'époque d'Uruk, et bien des cylindres ninivites valent des bas-reliefs. Les ivoires de Nimrud ne sont pas inférieurs à leurs modèles phéniciens et égyptiens. S'il est un domaine où les civilisations mésopotamiennes pourraient être séduisantes, c'est celui de la vie quotidienne.

3. **L'architecture.** — Il faudrait, pour apprécier le décor de cette vie quotidienne, connaître les ensembles, palais et temples, qui en constituaient les éléments essentiels. Or l'emploi massif de la brique n'en facilite pas l'évocation. De ces capitales célèbres, Assour, Ninive, Babylone, il ne reste plus que le tracé des fondations, au mieux quelques pans de murs qui donnent au site l'aspect d'une ville bombardée. Les reconstitutions minutieuses des archéologues ont une valeur documentaire, non pas artistique. L'émotion ne peut naître d'un dessin

d'architecte, et il n'existe pas de Karnak mésopotamien où l'imagination puisse aisément s'attarder. L'assyriologue peut-il vraiment vibrer au contact de vestiges aussi peu éloquents ? Nul doute que certains répondront pas l'affirmative. D'autres seront plus réservés. Ils observeront que l'accoutumance, la spécialisation suscitent souvent des enthousiasmes faciles, et que si les assyriologues se plaçaient dans des perspectives artistiques plus vastes, ils ne témoigneraient qu'une admiration relative pour les monuments qu'ils exhument. Quelle que soit l'appréciation qu'on porte sur cette attitude, elle offre du moins l'avantage de cerner l'essentiel du travail assyriologique.

## III. — L'enquête assyriologique

Les civilisations archaïques de la Mésopotamie ne favorisent guère la fuite dans le passé. Les produits de leurs arts sont frustes à quelques exceptions près, qui se caractérisent beaucoup plus par la robustesse que par l'élégance. Les œuvres écrites sont arides. Consacrées le plus souvent aux techniques divinatoires et aux compilations lexicographiques, elles n'offrent que rarement des narrations d'allure littéraire. Elles sont, en outre, hérissées de termes techniques dont le sens nous échappe en grande partie, et leur état de conservation laisse souvent à désirer. Tout concourt à rendre le travail assyriologique ingrat et difficile. Et pourtant, tous ceux qui l'ont entrepris ne peuvent plus s'en détacher ; ils sont littéralement fascinés. Quel est donc l'intérêt si puissant qui anime ces recherches ?

1. **La découverte du passé.** — C'est d'abord, sans aucun doute, le prodigieux bond dans le passé

qu'elles permettent d'effectuer. L'histoire écrite a reculé de trois millénaires, et elle ne s'appuie pas sur quelques témoignages isolés. Les sources, nombreuses et diverses, éclairent dans le détail les premières formes de civilisation. Le matériel proprement archéologique, en particulier, est suffisamment riche pour que nous puissions remonter sans heurt jusqu'au néolithique, dont Sumer n'est qu'un des rameaux. Plus précisément, nous découvrons, grâce aux textes sumériens, le visage des sociétés préhistoriques qui reste d'ordinaire voilé aux regards de l'historien. Dans la plupart des autres sociétés, l'égyptienne exceptée, les documents écrits des époques archaïques sont extrêmement rares. Les reconstitutions dépendent essentiellement du matériel archéologique, éclairé parfois par quelques inscriptions bien postérieures à l'époque considérée. Rien de tel en Mésopotamie. L'emploi de l'écriture fut imposé par l'essor économique à un stade de développement qui, partout ailleurs, est qualifié de néolithique. Et il l'est effectivement. La civilisation sumérienne archaïque ne se distingue de celle de ses voisins que par ce détail qui est tout : l'écriture. La conséquence en est double : d'une part, nous découvrons les composantes sociales et culturelles d'une de ces sociétés primitives ; d'autre part, nous pouvons interpréter, dans une certaine mesure, les vestiges muets, mais analogues, des époques antérieures. Ce temple modeste d'Eridu était peut-être déjà celui d'Enki, le dieu des eaux, ou du moins d'une divinité de même nature. Cette statuette féminine était peut-être déjà la représentation d'une Ishtar. Dès lors, le contexte se précise. On discerne des croyances, des cérémonies, une vie sociale ; un clair-obscur cerne les contours du Ve millénaire.

**2. Diversité des expériences historiques.** — Ainsi le Proche-Orient est devenu un prodigieux laboratoire historique. Le VIIe millénaire est l'époque des premières communautés villageoises. Auparavant, il n'y a que des groupes de chasseurs itinérants. Du point de vue social, le mot « origines » est donc pleinement justifié. Des sociétés naissent, que nous pouvons décrire ; nous assistons à leur maturité, puis à leur disparition. Le cycle est complet. Et à l'intérieur de ce champ clos, des expériences diverses se sont développées, des transformations se sont produites, dont il est passionnant de rechercher les causes et les conditions : apparition du phénomène urbain et de l'écriture ; continuité ou rupture de traditions ; relation entre les idéologies et les structures socio-économiques ; influence des événements politiques sur les mentalités ; effondrement des Empires. Tous ces phénomènes, qui ont une résonance dans l'histoire universelle, peuvent être cernés de près dans l'Antiquité mésopotamienne, parce que les linéaments y apparaissent sous un jour accusé. La masse de la documentation est suffisante, sans être généralement d'une abondance telle qu'on perde de vue les ensembles, et les ébauches se succèdent en masses contrastées.

Ebauches, univers en gestation, telle est la dominante de l'histoire mésopotamienne, et c'est dans cette perspective que doivent être menées les recherches. Alors, les échecs politiques répétés des peuples antiques, leur impuissance à édifier un ordre stable, leurs insuffisances intellectuelles, ne font pas naître un sentiment de déception. On ne se penche pas sur leurs œuvres pour s'abreuver aux sources d'un classicisme. Ce qu'elles offrent, c'est l'image d'un esprit qui tâtonne à la recherche de ses possibilités. L'assyriologue est fondamentalement l'homme des genèses.

3. **La question biblique.** — Il est un domaine, enfin, pour lequel l'assyriologie revêt une importance capitale, c'est celui des études bibliques. On l'a tellement souligné qu'une réaction se dessine aujourd'hui. Beaucoup d'assyriologues se désintéressent totalement d'Israël. Le lien, pourtant, ne devrait pas être rompu. Ce serait d'abord un non-sens historique : à l'heure où la compénétration des grands courants du monde antique paraît de plus en plus évidente, Israël ne peut rester isolé. C'est, au contraire, un des points privilégiés où s'est opérée la jonction des civilisations de l'Egypte et de la Mésopotamie. A ce titre, il mérite déjà une attention particulière. Mais, en outre — et c'est non moins important — dans la mesure où l'assyriologie conditionne le développement des études bibliques, elle exerce une influence sur deux des principales religions actuellement vivantes : le judaïsme et le christianisme. La découverte des textes cunéiformes a profondément modifié la position des exégètes et des théologiens, et la répercussion commence à s'en faire sentir dans les rangs des autres fidèles. S'il est un point par lequel l'assyriologie a pu marquer le monde contemporain, c'est celui-là. Il ne faudrait pas l'oublier.

## IV. — Orientations

1. **Les fouilles.** — On discerne actuellement trois lignes de recherches. La première est évidente : c'est la poursuite des fouilles dans le Proche-Orient. Non seulement des villes célèbres comme Nippur et Uruk n'ont pas encore livré tous leurs secrets, mais en outre des sites de moindre étendue peuvent se révéler d'une grande richesse. C'est ainsi qu'on a découvert à Sultan Tepe, près de Harran, une bibliothèque

dans laquelle presque tous les genres littéraires sont attestés. Certaines tablettes viennent compléter utilement des œuvres qui nous étaient parvenues sous une forme lacuneuse ; d'autres nous révèlent des compositions originales, comme le conte du « pauvre homme de Nippur ». Il arrive, en outre, que des tells n'ayant pas livré d'objets d'importance primordiale s'avèrent très précieux pour la datation des séquences préhistoriques. C'est le cas d'Hassunah et de Tell Arpachiyah, qui permettent de mieux comprendre les circonstances dans lesquelles se sont diffusées les civilisations d'Halaf et d'Obeid. La découverte de tablettes et d'objets nouveaux ne dicte plus, à elle seule, l'intérêt d'une fouille. Tout est significatif parce que tout s'intègre dans un ensemble. Il faut relever, à ce sujet, l'intérêt que présenterait une série de cartes montrant les aires de diffusion des civilisations préhistoriques connues, analogues à celles qu'a dressées R. J. Braidwood pour la plaine d'Antioche. N'oublions pas, enfin, que ni Agadé, ni Washukanni, capitale du Mitanni, ni Shubat-Enlil, résidence habituelle du roi d'Assyrie Shamshi-Adad I, n'ont pu être identifiées. De véritables révélations attendent certainement les assyriologues. Mais on ne peut plus abandonner ces résultats au hasard des fouilles. Or, à l'heure actuelle, l'attitude des archéologues n'a pas encore totalement évolué. S'ils ne recherchent plus des pièces de musée, ils se contentent encore le plus souvent d'exploiter des découvertes fortuites. L'élaboration d'un plan de travail est indispensable, car *il faut* découvrir Agadé, Washukanni et Shubat-Enlil. La prospection de larges secteurs géographiques, la généralisation des *surveys* s'imposent donc.

Ces recherches sur le terrain ne devraient pas dispenser les assyriologues d'entreprendre de véritables fouilles en des points où le public attend peut-être le moins de découvertes : les musées. Et c'est pourtant ce travail dont la nécessité serait la plus urgente. Certains musées ignorent encore le détail de leurs richesses. Il ne faut pas s'en étonner. La découverte de plusieurs dizaines de milliers de tablettes lors des grandes fouilles du siècle dernier, le petit nombre de spécialistes entraînés, les difficultés inhérentes à la lecture des textes, la désorganisation créée par les deux guerres mondiales, ont entraîné un retard considérable dans l'inventaire et la publication des tablettes cunéiformes. Les responsables des divers musées d'Europe et d'Amérique s'efforcent actuellement de le combler, en particulier les conservateurs du British Museum qui détiennent le lot le plus important. Leurs efforts ont déjà commencé à porter leurs fruits, et l'on ne peut que s'en réjouir. Mais beaucoup reste à faire, et l'on en vient parfois à se demander s'il ne serait pas préférable de liquider l'arriéré avant d'entreprendre de nouvelles fouilles. Cet objectif, en tout cas, doit rester primordial.

2. **Publications de textes et études historiques.** — Cependant, la publication des sources encore inédites ne résout pas tous les problèmes. Elle en fait au contraire surgir deux autres étroitement liés : celui de la traduction et celui de l'exploitation du matériel par les historiens. En effet, le travail de publication proprement dit ne comporte que la reproduction des textes en fac-similé. La charge qui incombe aux conservateurs de musées ne dépasse pas ce stade. Et d'ailleurs, s'ils tiennent à rattraper le retard accumulé, ils ne peuvent aller au-delà. Rares sont les recueils de textes qu'accompagnent des volumes de transcriptions et de traductions.

C'est le cas, notamment, des publications françaises d'après-guerre, consacrées aux trouvailles de Mari et de Ras Shamra. Ce triple travail est, par définition, plus long que celui d'autographie pure et simple, mais cette méthode présente aussi des inconvénients. Les textes publiés uniquement en autographie ne sont pas toujours immédiatement utilisables. Ils nécessitent la connaissance de plusieurs langues anciennes, et, pour chacune d'elles, de particularités graphiques, lexicographiques ou grammaticales, qui varient énormément suivant les époques. Or il faut bien reconnaître que la masse croissante de la documentation et la complexité toujours plus grande des questions débattues imposent de plus en plus une spécialisation. Il existait déjà une absurde dichotomie entre archéologues et épigraphistes ; et voici que les épigraphistes eux-mêmes en viennent à se cantonner dans des secteurs étroits. C'est un mal insidieux qu'on ne saurait trop dénoncer, mais auquel il paraît très difficile de remédier en l'état actuel des choses. Pour les jeunes orientalistes, en particulier, la phase de spécialisation abusive est pratiquement inévitable. Ils ne parviennent à élargir le champ de leurs connaissances que peu à peu. Aussi lorsqu'un chercheur, spécialisé dans une époque ou un certain type de textes est amené à sortir de son domaine habituel, éprouve-t-il souvent un réel embarras. S'il n'est pas aidé par les travaux d'un spécialiste du domaine considéré, il passera un temps considérable à rechercher les renseignements dont il a besoin, et il ne les utilisera pas avec l'aisance que procure seule la familiarité. Or il arrive que des groupes entiers de textes n'aient jamais été traduits, ni même transcrits. Parfois, transcriptions et traductions ont vieilli au point d'être inutilisables. La nécessité d'un travail de transcription et de traduction s'impose donc. Il faudrait renouer avec la tradition de la *Vorderasiatische Bibliothek*. On commence à s'y employer aux Etats-Unis et en Allemagne.

Le problème se pose en particulier pour les tablettes économiques de la haute époque sumérienne. On a étudié surtout celles de Lagash. Il serait intéressant de vérifier si d'autres centres, comme Adab ou Nippur par exemple, présentent le même aspect. Ces textes pris isolément n'offrent pas grand intérêt : ce ne sont le plus souvent que des listes de comptabilité, rédigées sous une forme désespérément monotone. Même un grammairien n'y trouve pas sa pâture. Et c'est bien pour cette raison qu'on se donne rarement la peine de les traduire. Mais qu'on regroupe les données numériques éparses, et tout s'anime. Ces textes doivent être traités statistiquement. W. Schwenzner l'avait bien compris autrefois. Malheureusement son entreprise n'a jamais été poursuivie d'une manière aussi systématique. Depuis, deux travaux seulement ont été consacrés aux variations de prix ; ils ne concernent que la Babylonie, et le dernier en date est de 1939.

C'est dans ces directions que devraient porter essentiellement les efforts. Les grands événements politiques sont relativement bien connus. Ce qui manque le plus, c'est la connaissance des sociétés, en particulier des conditions de travail et des niveaux de vie. Nul doute que si on disposait de monographies étoffées sur ces questions, l'histoire politique, l'interprétation des événements, en serait transformée. Naturellement de telles enquêtes devraient être menées par régions et par époques. Que ces époques soient encore délimitées par les critères traditionnels importe peu pour commencer. Il serait toujours temps, par la suite, de dégager les tournants véritables, s'il y a lieu. On imagine aisément, par exemple, l'intérêt que présenterait une enquête économique sur le temps des rois d'Ur, énumérant les variations de prix des produits, celles des salaires et des rations allouées, le montant des offrandes mensuelles faites aux dieux, celui des marchandises prélevées par la maison royale, la courbe de production des ateliers d'Etat, etc. Les données existent ; il suffit de les relever, mais précisément tout est là : le nombre des documents est tel qu'on recule aujourd'hui devant l'ampleur de la tâche. Pourtant, cette période avait inspiré autrefois de nombreux travaux. Quand on vit que les notices de comptabilité se chiffraient par dizaines de milliers, l'ardeur se refroidit. Il semble qu'un regain d'intérêt se dessine maintenant. On pourrait mettre à profit ces circonstances. Et si l'entreprise est trop lourde pour des chercheurs isolés, il faudrait envisager la constitution d'une équipe de travail.

3. **Coordination des efforts.** — Cette conclusion rejoint en partie les préoccupations de A. L. Oppenheim, qui envisageait la collaboration d'assyriologues avec des spécialistes d'autres disciplines, économistes, anthropologues, historiens des sciences, pour résoudre certains problèmes techniques posés par les textes cunéiformes. Ce n'est probablement pas un hasard. L'*Assyrian Dictionary* de Chicago est une entreprise collective ; la publication des archives de Mari se poursuit dans des conditions analogues ; le Centre Assyriologique de Leyde publie un corpus des lettres de la Ire dynastie babylonienne. Visiblement l'idée est dans l'air, et l'on ne voit pas pourquoi ce qui est réalisable en matière d'édition de textes ou de lexicographie ne le serait pas dans le domaine historique. La néces-

sité d'une coordination des efforts s'y fait sentir, non pas dans l'interprétation des faits — il serait préférable que celle-ci garde une marque personnelle — mais dans la préparation des matériaux.

Il ne s'agit nullement de dresser un réquisitoire. Le constat de certaines déficiences n'a pas d'autre but que de suggérer des lignes de recherche. D'une façon générale, il faudrait multiplier les synthèses provisoires consacrées à des époques historiques et à des problèmes précis, en récapitulant à intervalles réguliers les résultats acquis depuis la dernière mise au point. Au fond, ce qui nuit le plus à l'assyriologie, c'est une dispersion anarchique des efforts. Beaucoup de recherches isolées devraient être coordonnées. Mais le seul fait que les travaux se démodent si vite et que tant reste à faire prouve la jeunesse de cette science. A bien des égards, les assyriologues en sont à l'âge des premiers humanistes. C'est ce qui rend leur tâche si exaltante.

# BIBLIOGRAPHIE

Découvertes et évolution de l'Assyriologie :

A. PARROT, *Archéologie mésopotamienne*, Paris, I (1946), II (1953).

Ch. FOSSEY, *Manuel d'assyriologie*, Paris, I (1904).

E. A. WALLIS BUDGE, *The Rise and Progress of Assyriology*, Londres, 1925.

Histoire générale :

*Histoire Universelle*, « Encyclopédie de la Pléiade », I, Paris (1957).

P. GARELLI, *Le Proche-Orient asiatique*, « Nouvelle Clio », 2, Paris (1969).

J. DESHAYES, *Les civilisations de l'Orient ancien*, Paris (1969).

*The Cambridge Ancient History*. Revised Edition of vol. I and II (fascicules en cours de publication).

*Fischer Weltgeschichte* (les 6 premiers volumes), Francfort (1965).

Mouvements intellectuels :

A. L. OPPENHEIM, *Ancient Mesopotamia*, Chicago (1968) ; trad. française : *La Mésopotamie*, Paris (1970).

A. L. OPPENHEIM, *Letters from Mesopotamia*, Chicago (1967).

R. LABAT, A. CAQUOT, M. SZNYCER, M. VIEYRA, *Les religions du Proche-Orient*, Paris (1970).

W. G. LAMBERT, *Babylonian Wisdom Literature*, Oxford (1960).

J. B. PRITCHARD, *Ancient Near Eastern Texts relating to the Old Testament*, Princeton (1955).

Art et Archéologie (outre l'ouvrage de J. Deshayes, cité ci-dessus) :

H. FRANKFORT, *The Art et Architecture of the Ancient Orient*, Penguin Books (1963).

A. PARROT, *Sumer*, L'Univers des Formes, Paris (1960).

— *Assur*, L'Univers des Formes, Paris (1961).

E. PORADA, *The Art of Ancient Iran*, New York (1965).

P. AMIET, *Les civilisations antiques du Proche-Orient*, « Que sais-je ? », Paris (1971).

# TABLE DES MATIÈRES



Imprimé en France
Imprimerie des Presses Universitaires de France
73, avenue Ronsard, 41100 Vendôme
Août 1990 — N° 35 186